Sommaire

ARTHUR SCHOPENHAUER

Du génie

précédé de

Du pur sujet de la connaissance

Du pur sujet de la connaissance

La conception d'une Idée[1], l'introduction de cette Idée dans notre conscience demande en nous pour condition préalable un changement qu'on pourrait aussi regarder comme un acte de renoncement à soi-même. Ce changement consiste en effet dans une séparation momentanée et complète de la connaissance d'avec la volonté[2] propre : la connaissance doit alors perdre totalement de vue le précieux gage qui lui est

1. Chez Platon, les Idées désignent les réalités intelligibles, les essences en soi, dont les choses sensibles ne sont que les reflets. La saisie intellectuelle de ces Idées par la raison constituerait la connaissance véritable, réservée au seul philosophe. Schopenhauer reprend à son compte cette théorie des Idées et lui donne un sens nouveau : dans son système, les Idées correspondent aux formes les plus élevées qu'empruntent les manifestations phénoménales du vouloir-vivre, essence intime du monde, et qui sont donc accessibles à la représentation. La contemplation esthétique est ainsi pensée comme un mode de *connaissance* pure de la réalité.
2. Le terme de *volonté* recouvre ici, sans distinction, l'ensemble des désirs et des passions.

confié et considérer les choses comme si elles ne pouvaient jamais concerner en rien la volonté. Car c'est le seul moyen pour la connaissance de devenir le pur reflet de la nature objective des choses. Toute œuvre d'art véritable doit avoir pour principe et pour base une connaissance soumise à ces conditions. La modification ainsi réclamée dans le sujet, par cela même qu'elle consiste dans l'élimination de tout vouloir, ne peut dériver de la volonté ; elle n'est donc pas le fait de notre libre arbitre, c'est-à-dire que nous n'en sommes pas les maîtres. Tout au contraire, elle a pour unique origine une prédominance momentanée de l'intellect sur la volonté, ou, au point de vue physiologique, une forte excitation de l'activité cérébrale intuitive, sans aucune excitation des penchants ou des passions. Pour plus de clarté, je rappelle que notre conscience a deux faces : elle est d'une part conscience du *moi propre*, c'est-à-dire *volonté*; d'autre part, conscience des *autres choses*, et à ce titre tout d'abord connaissance intuitive du monde extérieur, aperception des objets. Plus l'un des côtés de la conscience totale se dessine nettement, plus l'autre s'efface. La conscience des *autres choses*, ou connaissance intuitive, sera donc d'autant plus parfaite, c'est-à-dire d'autant plus objective, que nous aurons moins conscience de notre propre moi. Il se produit ici un véritable antagonisme. Plus nous avons conscience de l'objet, moins nous en avons du sujet ; plus au contraire le sujet occupe la conscience, plus faible et imparfaite est notre intuition du monde extérieur. L'état requis pour une objectivité pure de l'intuition comporte d'une part des conditions permanentes, la perfection du cerveau et en général tout ce qui dans sa constitution physiologique favorise son activité, d'autre part des conditions passagères, puisqu'il est soutenu par tout ce qui accroît la tension et la réceptivité du système nerveux cérébral, sans exciter pourtant la moindre passion. Qu'on n'entende pas par là les boissons spiritueuses ou l'opium, mais bien plutôt une nuit entière d'un sommeil tranquille, un bain froid et tout ce qui, en calmant la circulation et la force des passions, donne à l'activité cérébrale une prédominance acquise sans effort. Ces stimulants naturels du travail des nerfs cérébraux exercent une action qui grandit avec le développement et l'énergie générale du cerveau; ils détachent de plus en plus l'objet du sujet et finissent par produire cet état de pure objectivité de l'intuition, qui élimine de lui-même la volonté de la conscience, et dans lequel toutes choses apparaissent avec une clarté et une précision plus intenses; nous ne connaissons pour ainsi dire alors que *les choses*, sans presque plus rien savoir de *nous*; et toute notre conscience n'est plus que l'intermédiaire qui sert à faire pénétrer l'objet de l'intuition dans le monde de la représentation. La connaissance pure, sans mélange de volonté, se produit donc, lorsque la conscience des autres choses s'élève à une telle puissance que la conscience du moi propre disparaît. Car, pour embrasser le monde d'une vue purement objective, il faut ne plus savoir qu'on y appartient ; et toutes les choses gagnent en beauté à nos yeux, à mesure que la conscience extérieure s'accroît et que la conscience individuelle s'évanouit. – Mais toute souffrance procède de la volonté, fondement du moi propre ; par l'effacement de ce côté de la conscience, toute possibilité de souffrance se trouve donc supprimée, et l'état d'objectivité pure de l'intuition devient en même temps un état de félicité absolue : aussi ai-je montré qu'il était l'un des deux éléments de la jouissance esthétique. La conscience du moi propre, c'est-à-dire la subjectivité, la volonté, reprend-elle au contraire le dessus, aussitôt il se produit un degré correspondant de malaise et de trouble : de malaise, par le sentiment que nous retrouvons de notre matérialité, c'est-à-dire de l'organisme qui en soi est la volonté ; de trouble, par l'effet des désirs, des émotions, des passions, des soucis dont la volonté, aidée de l'intelligence, recommence à remplir notre conscience. Car partout la volonté, en tant que principe de subjectivité, est l'opposé, l'antagoniste de la connaissance. La plus grande concentration de la subjectivité se produit dans l'*acte volontaire* proprement dit, qui nous donne la conscience la plus nette de notre moi. Toutes les autres excitations de la volonté ne sont que des préparations à l'acte : l'acte même est à la subjectivité ce que le jaillissement de l'étincelle est à l'appareil électrique. – Toute sensation corporelle est en soi excitation de la volonté, et plus souvent, à vrai dire, de la *noluntas*[1] que de la *voluntas*. L'excitation du vouloir par voie intellectuelle est celle qui est due aux motifs[2] : c'est alors l'objectivité même qui éveille et met en jeu la subjectivité. Cet effet se réalise dès qu'une chose n'est plus l'objet d'une perception purement objective, c'est-à-dire désintéressée, mais provoque, directement ou indirectement, du désir ou de la répugnance, ne serait-ce même que par le souvenir : car elle agit dès lors comme motif, au sens le plus étendu du mot.

---

1. Littéralement la *nolonté* (*noluntas*, terme du latin médiéval) est l'acte de s'opposer à la volonté, c'est-à-dire l'expression d'une volonté contraire (et non l'absence de volonté).
2. Selon Schopenhauer, tous les êtres sont soumis, en tant que phénomènes, à la nécessité la plus stricte : toute volonté est ainsi affectée par des motifs qui déterminent invariablement les animaux comme les hommes à se comporter de telle ou telle manière. Cependant, chez l'homme, la croyance au libre arbitre l'incite à imaginer que ses actes sont le résultat volontaire qui découle d'une délibération consciente, alors qu'en réalité elle la précède. Autrement dit, contrairement à ce que l'on croit communément, ce que l'on *veut* n'est pas ce que l'on *choisit*. L'excitation sensible de la volonté ou du désir peut ainsi apparaître en contradiction avec ce que l'on choisit consciemment, la volonté apparaissant alors comme *nolonté*.

Je remarque ici que la réflexion abstraite et la lecture, toutes deux liées aux mots, appartiennent aussi sans doute, dans un sens plus large, à la conscience des *autres choses*, c'est-à-dire à l'occupation objective de l'esprit. Mais ce n'est encore qu'indirectement, car elles réclament l'intermédiaire des concepts : or ceux-ci sont un produit artificiel de la raison, et par suite déjà une œuvre intentionnelle. De plus, tout travail abstrait de l'esprit est dirigé par la volonté qui donne à l'intelligence la direction conforme à ses vues et soutient l'attention : un tel travail est ainsi toujours mêlé de quelque effort, et l'effort suppose une activité de la volonté. Ce genre d'occupation intellectuelle ne comporte donc pas l'objectivité parfaite de la conscience, telle qu'elle accompagne, à titre de condition nécessaire, la conception esthétique, c'est-à-dire la connaissance des Idées.

Il résulte de tout ce qui précède que la pure objectivité de l'intuition, moyen de reconnaître non plus la chose particulière comme telle, mais l'Idée de son espèce, demande qu'on ait conscience, non plus de soi-même, mais des seuls objets considérés, et que la conscience propre ne subsiste qu'à titre de soutien de l'existence objective de ces objets. La difficulté pour cet état de se produire et par là sa rareté ont pour cause que l'accident (l'intellect) doit y dominer et annuler en quelque sorte la substance (la volonté), ne fût-ce qu'un instant. C'est là aussi le principe de l'analogie et même de la parenté de cet état avec la négation de la volonté. – La connaissance, en effet, quoique issue de la volonté, ainsi que je l'ai montré dans le livre précédent[1], et fondée sur le phénomène de cette volonté, sur l'organisme, n'en est pas moins corrompue par cette même volonté, comme la flamme est obscurcie par la matière en combustion et la fumée qui s'en dégage. Aussi ne pouvons-nous concevoir l'essence purement objective des choses et les *Idées* présentes en elles qu'en ne prenant aucun intérêt aux choses mêmes, parce qu'elles n'offrent aucun rapport avec notre volonté. De là vient aussi que les Idées des êtres ressortent plus facilement pour nous de l'œuvre d'art que de la réalité. En effet, ce que nous apercevons seulement dans un tableau ou dans une poésie se trouve en dehors de toute relation possible avec notre volonté; car cela n'existe déjà en soi-même que pour la *connaissance* et ne s'adresse immédiatement qu'à elle seule. Au contraire, pour saisir l'Idée du milieu de la *réalité*, il faut en quelque sorte faire abstraction de sa volonté propre, s'élever au-dessus de son intérêt, ce qui exige une énergie particulière de l'intelligence. Cette énergie n'appartient au plus haut degré et pour

1. Allusion au chapitre XXIX du *Monde comme volonté et comme représentation*, « De la connaissance des Idées ».

quelque durée qu'au seul génie ; le génie en effet consiste précisément dans la possession d'une force intellectuelle plus grande que n'en demande le service de la volonté individuelle, et dans l'emploi de l'excédent resté libre à la connaissance pure du monde sans souci de la volonté. Si l'*œuvre d'art* facilite la conception des Idées, source de la puissance esthétique, ce n'est pas seulement pour donner aux choses plus de netteté et plus de relief par la mise en évidence de l'élément essentiel et par l'exclusion de l'accessoire ; c'est encore et tout au moins autant par ce mutisme complet, nécessaire à la conception purement objective de la nature des choses, auquel l'art réduit à coup sûr la volonté, en présentant à notre intuition un objet situé lui-même hors du domaine des choses capables d'intéresser la volonté, en nous présentant une simple image, et non une réalité. Cette vérité s'applique non seulement aux œuvres des arts plastiques, mais encore à la poésie : l'effet de la poésie suppose aussi pour condition une conception désintéressée, détachée du vouloir, et par là purement objective. C'est une conception de ce genre qui nous fait paraître *pittoresque* un objet aperçu, et *poétique* un événement de la vie courante : car seule elle peut répandre sur la réalité cet éclat enchanteur que l'on nomme le pittoresque dans les objets de l'intuition sensible, et la couleur poétique pour les visions de l'imagination. Quand le poète célèbre la sérénité du matin, la beauté du soir, le calme du clair de lune, etc., l'objet véritable de ses chants, c'est, à son insu, le pur sujet de la connaissance qu'évoquent ces beautés naturelles et devant lequel la volonté s'efface et disparaît de la conscience : ainsi naît cette tranquillité du cœur, qui hors de là ne se peut obtenir sur cette terre ; sinon d'où viendrait l'influence bienfaisante, l'action magique exercée sur nous par ces vers :

Nox erat, et cœlo fulgebat Luna sereno,
Inter minora sidera[1].

La nouveauté complète d'objets inconnus pour nous en favorise la conception désintéressée et tout objective. Par là s'explique cet effet pittoresque ou poétique attribué par l'étranger ou par le simple voyageur à des objets qui sont loin de produire la même impression sur les indigènes : ainsi la vue d'une ville étrangère laisse au touriste une impression des plus agréables, qu'elle est loin d'exercer sur l'habitant ; la raison en est que le voyageur, placé en dehors de tout rapport avec la ville et ses habitants, la contemple à un point de vue tout objectif. C'est là-dessus que repose en

1. « C'était la nuit, et dans un ciel serein, la lune brillait Au milieu d'une foule d'astres plus petits », Horace, *Épodes*, XV, « À Néère ».

grande partie le charme des voyages. C'est pourquoi encore on cherche à accroître l'effet des œuvres narratives ou dramatiques, en en transportant la scène dans des temps et des pays éloignés, les Allemands en Italie et en Espagne, les Italiens en Allemagne, en Pologne, ou même en Hollande. – Si la conception intuitive, entièrement objective, purifiée de tout vouloir, est la condition de la *jouissance* esthétique, à plus forte raison est-elle indispensable à la *création* des œuvres esthétiques. Tout bon tableau, toute poésie véritable porte l'empreinte de cette situation d'esprit. Car seuls les sentiments puisés dans la contemplation objective pure, ou directement excités par elle, contiennent le germe vivant d'où peuvent naître des productions vraies et originales, aussi bien en poésie et même en philosophie que dans les arts plastiques. Le *punctum saliens*[1] de toute œuvre belle, de toute pensée grande ou profonde est une intuition entièrement objective. Or la condition d'une telle intuition est le silence complet de la volonté, qui ne laisse subsister dans l'homme que le pur sujet de la connaissance. Le génie n'est autre chose qu'une disposition à faire prévaloir cet état.

1. Littéralement « point sautant », cette expression désignait jadis en anatomie ce qui constituait le cœur chez l'embryon, c'est-à-dire le point d'origine de toute activité spontanée.

Avec cette disparition de la volonté hors de la conscience coïncide la suppression de l'individualité et des tristesses, des misères qui l'accompagnent. Aussi ai-je décrit ce pur sujet de la connaissance qui seul demeure alors, comme l'œil du monde : cet œil, quoique avec plus ou moins de clarté, regarde en toute créature vivante ; il est à l'abri de la naissance et de la mort, et ainsi, identique à lui-même, toujours un, toujours le même, il est le support du monde des Idées permanentes, c'est-à-dire de l'objectivité adéquate de la volonté, tandis que le sujet individuel, troublé dans sa connaissance par cette individualité même sortie de la volonté, n'a pour objet que des choses isolées et est passager comme elles. – Au sens ici marqué on peut attribuer à tout homme deux existences. En tant que volonté, c'est-à-dire en tant qu'individu, il est une créature une, exclusivement une, et comme tel il a suffisamment à faire et à souffrir. Comme contemplateur purement objectif, il est le pur sujet de la connaissance, dans la conscience duquel seulement le monde objectif existe ; comme tel, il est *toutes les choses*, en tant qu'il les perçoit, et leur existence en lui ne comporte ni gêne ni fardeau. C'est en effet *sa* propre existence, puisqu'elle est tout entière contenue dans *sa* représentation : mais ici elle est dégagée de la volonté. Au contraire, en tant qu'elle est volonté, elle n'est pas en lui. Chacun est heureux, quand il est toutes choses ; et malheureux, quand il n'est plus qu'individu. – Il suffit à toute condition, à toute créature, à toute scène de la vie, d'être conçue objectivement, d'être décrite par le pinceau ou par la parole, pour sembler intéressante, délicieuse, enviable : mais est-on soi-même mêlé dans l'affaire, est-on la chose même, alors on s'écrie plus d'une fois que le diable en personne ne pourrait y tenir. Aussi Goethe dit-il :

Ce qui dans la vie nous contrarie,
Dans un tableau nous réjouit[1].

Dans ma jeunesse, il y a eu une période pendant laquelle je m'efforçais sans cesse de me contempler, de me dépeindre du dehors, moi-même et mes actions : c'était sans doute pour me les rendre supportables.

Comme les considérations que j'expose ici n'ont jamais été discutées avant moi, je veux y joindre quelques explications psychologiques.

Dans l'intuition directe du monde et de la vie, nous ne considérons d'ordinaire les choses que dans leurs relations, c'est-à-dire dans leur essence, dans leur

1. Schopenhauer cite plus de deux cents fois Johann Wolfgang von Goethe dans le *Monde comme volonté et comme représentation.* Ces deux vers sont tirés du poème « Parabolisch », dans l'édition des *Poèmes* (*Gedichte*), *Goethe's Werke,* dite Vollständige Ausgabe letzter Hand, 1827, vol II.

existence relative et non absolue. Nous regarderons par exemple des maisons, des vaisseaux, des machines, avec la pensée de leur destination et de leur appropriation à cette fin ; nous regarderons des hommes avec la pensée de leurs rapports avec nous, s'il en existe, puis de leurs rapports mutuels, dans leur conduite et dans leur activité, dans leur condition, et dans leur métier, ou encore dans les aptitudes qu'ils y montrent, etc. Nous pouvons pousser l'examen de ces relations plus ou moins loin, le poursuivre jusqu'aux anneaux les plus reculés de leur chaîne : la recherche gagnera ainsi en précision et en étendue ; mais l'espèce et la qualité en demeurera toujours la même. C'est toujours la considération des choses dans leurs relations, bien plus, par le moyen de ces relations, c'est-à-dire d'après le principe de raison[1]. C'est à ce genre de considérations que nous nous adonnons le plus souvent et, en règle générale, je crois même les hommes incapables pour la plupart de se livrer à aucun autre. – Mais nous arrive-t-il par exception d'éprouver une élévation momentanée de l'intensité de notre intelligence intuitive ; aussitôt nous voyons les choses d'un tout autre œil : nous ne les concevons plus alors d'après leurs

1. Le *principe de raison* désigne chez Schopenhauer la réunion des conditions de toute expérience intuitive, c'est-à-dire l'espace, le temps et la causalité.

relations, mais selon ce qu'elles sont en soi et par soi, et soudain, avec leur existence relative, nous percevons encore leur existence absolue. Chaque individu représente aussitôt son espèce, et ce qui s'offre à notre esprit, c'est ce qu'il y a de général en chaque être. Ce que nous reconnaissons donc ainsi, ce sont les Idées des choses, et la science qui s'exprime par ces Idées est bien plus haute que la simple connaissance des relations. Notre être aussi se dégage en même temps des relations et nous sommes devenus du coup le pur sujet de la connaissance. – Quant aux causes de cet état exceptionnel, ce doivent être certains phénomènes psychologiques intérieurs, qui purifient et élèvent l'activité cérébrale au degré nécessaire pour provoquer ce flux soudain d'intelligence. La condition extérieure est que nous soyons entièrement étrangers à la scène contemplée, que nous en demeurions complètement détachés et que nous n'y soyons nullement impliqués pour une part active.

Pour nous convaincre qu'une conception purement objective et par là exacte des choses n'est possible que si nous les considérons sans aucun intérêt personnel, c'est-à-dire dans un complet silence de la volonté, représentons-nous combien la moindre émotion ou la moindre passion trouble et altère la connaissance, combien même tout penchant favorable ou contraire suffit à dénaturer, à colorer, à défigurer, non pas le seul jugement, mais encore et déjà la perception primitive des choses. Rappelons-nous quelles teintes sereines, quel aspect riant le monde entier revêt à nos yeux, quand un heureux résultat nous a satisfaits ; sous quel air triste et sombre il nous apparaît au contraire lorsque le chagrin nous abat. Un objet même inanimé, destiné à être l'instrument d'une opération que nous redoutons, semble prendre alors une physionomie hideuse, par exemple l'échafaud, la forteresse où on nous transporte, la trousse du chirurgien, la voiture qui emmène loin de nous la femme aimée, etc. ; bien plus, de simples chiffres, des lettres, un cachet semblent nous narguer d'un ricanement horrible et produire sur nous l'effet de monstres affreux. En revanche, les instruments qui servent à l'accomplissement de nos désirs prennent aussitôt un air aimable et bienveillant : par exemple, la vieille bossue qui nous apporte une lettre d'amour, le juif qui nous compte des louis d'or, l'échelle de corde qui va aider à notre évasion, etc. Dans ces cas d'aversion ou d'inclination bien marquée, on ne peut méconnaître que la représentation soit faussée par la volonté ; elle l'est encore, à un degré moindre, dans tout objet qui présente un rapport même éloigné avec notre volonté, c'est-à-dire avec notre penchant ou notre répugnance. C'est seulement une fois que la volonté, avec tout ce qui l'intéresse, a quitté la conscience et que l'intellect suit librement ses propres lois ; lorsque, devenu pur sujet de la connaissance, il reflète le monde objectif, arrivé de son propre mouvement et sans le stimulant d'aucune volonté à un état de tension et d'activité extrêmes ; c'est alors seulement que la couleur et la forme des choses ressortent à nos yeux dans leur véritable et pleine signification : seule une telle conception peut donner naissance à de vraies œuvres d'art, dont la valeur durable et le succès toujours renouvelé tiennent à ce que seules elles représentent l'objectivité pure, le fondement invariable et commun des diverses intuitions subjectives et par là faussées, le thème commun qui perce à travers toutes ces variations subjectives. Car il est certain que la nature étalée devant nous s'offre à chaque cerveau différent sous un aspect très différent, et, soit par le pinceau, soit par le ciseau, par la parole ou par les gestes faits sur la scène, chacun ne peut la rendre que telle qu'il la voit. L'objectivité seule fait l'artiste ; mais elle n'est possible qu'à la condition que l'intellect, détaché de la volonté, sa racine, plane d'un libre essor, sans cesser d'agir avec la plus haute énergie.

Le jeune homme, dont l'intuition intellectuelle est encore dans toute sa fraicheur et dans toute sa force, se représente bien souvent la nature dans une objectivité parfaite, et par suite dans toute sa beauté. Mais ce qui trouble parfois pour lui le plaisir d'un tel spectacle, c'est la réflexion que les belles choses ici présentes sont avec lui sans aucun rapport personnel, capable d'exciter son intérêt et sa joie : il voudrait que sa vie prît la forme d'un roman intéressant : « Derrière ce rocher en saillie devrait m'attendre une troupe d'amis bien montés ; – auprès de cette cascade devrait se reposer ma bien-aimée ; – cet édifice si bien illuminé devrait être sa demeure, et cette fenêtre garnie de verdure devrait être la sienne ; – mais ce monde si beau n'est que solitude pour moi, etc. » Ces billevesées mélancoliques de jeune homme reposent au fond sur une contradiction. Car la beauté avec laquelle ces objets lui apparaissent tient justement à la pure objectivité, c'est-à-dire au désintéressement de son intuition ; elle serait aussitôt annulée par cette relation avec sa volonté dont le jeune homme regrette douloureusement l'absence, et aussitôt disparaîtrait le charme qui lui procure en ce moment une jouissance véritable, quoique mélangée d'une impression pénible. – Il en est du reste de même à tout âge et en toute circonstance : la beauté du paysage qui nous ravit à l'heure présente cesserait d'être si nous avions avec lui quelque rapport personnel dont la conscience ne nous quitterait pas. Aucune chose n'est belle qu'aussi longtemps qu'elle ne nous concerne pas. (Il n'est pas question ici de passion amoureuse, mais de jouissance esthétique.) La vie n'est jamais belle, ses images seules le sont, une fois transfigurées par le miroir de l'art ou de la poésie ; et cela surtout pendant la jeunesse, alors que nous ne connaissons rien encore de l'existence. Plus d'un jeune homme s'apaiserait si on pouvait l'amener à cette idée.

Pourquoi la vue de la pleine lune exerce-t-elle une action si bienfaisante, si calmante, si propre à élever l'âme ? C'est que la lune est objet d'intuition, et non de volonté :

Les étoiles, on ne les désire pas ;
On ne peut que se réjouir de leur splendeur[1].

En outre, la lune est *grande*, c'est-à-dire qu'elle nous dispose à la grandeur, parce que, sans rapport avec nous, éternellement étrangère à l'agitation terrestre, elle passe et voit tout sans prendre part à rien. Aussi, à son aspect, la volonté, avec ses misères incessantes, s'efface-t-elle de la conscience et laisse-t-elle sa place à la connaissance pure. Peut-être ici se mêle-t-il encore le sentiment que nous en partageons la vue avec des millions de créatures dont la différence individuelle s'évanouit alors, et qui dans cette contemplation ne forment plus qu'un être, l'impression du sublime en

1. *Cf.* Goethe, *Lieder*, « *Trost in Tränen* » (« Consolation dans les pleurs »), 1803.

est relevée encore. Ce qui contribue aussi à l'accroître, c'est que la lune éclaire sans échauffer : de là le nom de chaste qu'on lui a donné et le motif de son identification avec Diane. – Par l'effet de cette impression totale si salutaire qu'elle produit sur notre âme, la lune est devenue peu à peu l'amie de notre cœur, ce que le soleil ne devient jamais, en sa qualité de bienfaiteur infini que l'on n'ose pas regarder en face.

À ce que j'ai dit au § 38 du premier volume sur le plaisir esthétique dû à la lumière, à la réflexion des images et aux couleurs, ajoutons ici encore la remarque suivante[1]. L'impression des couleurs renforcée par l'éclat

1. Voici le passage auquel l'auteur fait allusion : « La lumière est la plus réjouissante des choses : on en a fait le symbole de tout ce qui est bon et salutaire. Dans toutes les religions elle représente le salut éternel, et l'obscurité signifie au contraire la damnation. Ormuzd réside dans la lumière la plus pure, Ahriman dans la nuit éternelle. Dans *Le Paradis* de Dante, on se croirait presque comme dans le Vauxhall de Londres, dans lequel les esprits bienheureux apparaissent comme des points lumineux qui se groupent en figures régulières. La disparition de la lumière nous attriste immédiatement; son retour nous égaie : les couleurs excitent en nous une vive jouissance qui, si elles sont transparentes, atteint son plus haut degré. La raison de tout cela, c'est que la lumière est le corrélat et la condition de la connaissance intuitive parfaite, c'est-à-dire de la seule connaissance qui n'affecte point directement la volonté. Car la vue en effet n'est point comme les autres sens, elle ne possède point par nature ni à titre de sens la propriété d'affecter directement l'organe d'une manière agréable ou douloureuse; elle n'a

métallique et encore plus par la transparence, dans les vitraux colorés par exemple, et surtout la réflexion des rayons du soleil couchant par les nuages, éveille en nous une jouissance tout immédiate, irréfléchie, mais vraiment ineffable. La raison dernière en est que c'est là le moyen le plus facile, moyen physique et infaillible,

---

en un mot aucune liaison directe avec la volonté : ce n'est que l'intuition produite dans l'esprit qui peut avoir une telle propriété, et cette propriété repose sur la relation de l'objet avec la volonté. [...] La joie produite par la lumière se ramène donc en fait à la joie que nous cause la possibilité objective de la connaissance intuitive la plus pure et la plus parfaite; nous devons en conclure que la connaissance pure, débarrassée et affranchie de toute volonté, constitue quelque chose d'éminemment délectable; elle est, à ce titre, un élément important de la jouissance esthétique. – Cette façon de considérer la lumière nous explique cette incroyable beauté que nous présente le reflet des objets dans l'eau. Les corps échangent les uns avec les autres une réaction à laquelle nous sommes redevables de la plus pure et de la plus parfaite d'entre nos perceptions; cette réaction, subtile, prompte et délicate entre toutes, n'est autre que la réflexion des rayons lumineux : or, dans ce phénomène, elle se présente à nous sous sa forme la plus claire, la plus manifeste, la plus complète; elle nous montre la cause et son effet, d'une manière pour ainsi dire amplifiée : telle est la cause de la joie esthétique que nous prenons à ce spectacle, joie qui, pour sa partie essentielle, se fonde sur le principe subjectif de la jouissance esthétique, jouissance qui se ramène à la joie que nous procurent la connaissance pure et les voies qui y mènent. » *Le Monde comme volonté...*, § 38, pp. 206-207 (trad. fr. Auguste Burdeau, révisée par Christophe Salaün).

de gagner toute notre attention à la connaissance, sans exciter la volonté. Nous sommes ainsi amenés à l'état de pure connaissance : sans doute, dans le cas présent, cette connaissance consiste en somme dans la simple sensation d'une impression rétinienne ; mais cette sensation, en tant qu'entièrement dégagée de tout plaisir et de toute douleur, ainsi que de toute excitation directe de la volonté, appartient par là même à la connaissance pure.

Du génie

Une aptitude prédominante au genre de connaissance décrit dans les deux chapitres précédents[1], et d'où naissent les véritables productions des arts, de la poésie et même de la philosophie, voilà proprement ce qu'on désigne du nom de génie. Comme cette connaissance a pour objet les *Idées* (platoniciennes) et que les Idées se conçoivent non pas *in abstracto,* mais par la seule *intuition*, l'essence du génie doit consister dans la perfection et l'énergie de la connaissance *intuitive.* Aussi entendons-nous nommer tout particulièrement œuvres de génie celles qui procèdent directement de l'intuition et qui s'adressent à elle, c'est-à-dire celles des arts plastiques et ensuite celles de la poésie[2] qui transmet ses intuitions par

1. C'est-à-dire le chapitre XXIX, « De la connaissance des Idées » et le chapitre XXX, « Du pur sujet de la connaissance ».

2. Dans l'esthétique de Schopenhauer, les différents arts sont organisés selon une hiérarchie – de l'architecture à la poésie – déterminée par les Idées qu'ils sont censés représenter. La

l'intermédiaire de l'imagination. – On peut déjà voir en ceci la différence du génie d'avec le simple talent, supériorité constituée plutôt par une souplesse et une pénétration plus grandes de la connaissance discursive que de la connaissance intuitive. L'homme doué de talent possède plus de rapidité et plus de justesse dans la pensée que les autres; le génie au contraire contemple un autre monde que le reste des hommes : il ne fait pourtant que pénétrer plus profondément dans ce monde offert aussi à la vue des autres, parce que la représentation en est plus objective, partant plus pure et plus précise dans son cerveau.

L'intellect n'est par destination que l'intermédiaire des motifs : en conséquence, il ne conçoit primitivement des choses que leurs relations directes, indirectes ou possibles avec la volonté. Chez les animaux, bornés aux relations directes, le fait est des plus manifestes : tout ce qui n'a aucun rapport avec leur volonté n'existe pas pour eux. Aussi sommes-nous parfois étonnés de voir des animaux même intelligents rester insensibles à des choses frappantes en soi, par exemple, ne manifester aucune surprise à la suite de changements évidents

---

musique occupe une place à part, au-delà de la hiérarchie, car la musique représenterait non pas les divers degrés d'objectivation de la volonté (Idées) mais la volonté elle-même. *Cf.* Christophe Salaün, *Apprendre à philosopher avec Schopenhauer*, Ellipses, 2010, chap. « La hiérarchie des arts », pp. 136-154.

survenus dans notre personne ou dans les objets qui les entourent. Chez l'homme normal viennent s'ajouter, il est vrai, les *relations* indirectes et même possibles avec la volonté, dont la somme constitue l'ensemble des notions utiles ; mais ici encore la connaissance demeure restreinte aux relations. Voilà pourquoi dans un cerveau normal les images des choses ne parviennent pas à une objectivité pure et parfaite ; car sa force d'intuition s'épuise et devient inactive dès que la volonté n'est plus là pour la stimuler et la mettre en mouvement ; elle n'a pas assez d'énergie pour concevoir le monde dans une pure objectivité en vertu de son élasticité propre et *sans but.* Là, au contraire, où il n'en est pas ainsi, là où la faculté représentative du cerveau possède un excédent de force suffisant à la production d'une image pure, nette, objective et désintéressée du monde extérieur, image inutile aux intentions de la volonté et qui, à un degré supérieur, peut être pour elles une cause de trouble et même un danger, – là commence à exister, pour le moins, une disposition à cette anomalie qu'on nomme *génie* pour indiquer qu'ici semble entrer en activité un principe étranger à la volonté, c'est-à-dire au moi propre, une sorte de « génie » véritable survenu du dehors. Mais, pour parler sans métaphore, le génie consiste dans un développement considérable de la faculté de connaissance, développement supérieur aux besoins du *service de la volonté*, pour lequel seule cette faculté est née à l'origine. Aussi la physiologie pourrait-elle à la rigueur ranger dans une certaine mesure un tel excédent d'activité et en même temps de substance cérébrale parmi les monstres *per excessum*[1], qu'elle classe, comme on sait, à côté des monstres *per defectum*[2] et des monstres *per situm mutatum*[3]. L'essence du génie est donc un excès anormal d'intelligence, dont le seul emploi possible est l'application à la connaissance de ce qu'il y a de général dans l'être; il est donc consacré au service de l'humanité entière, comme l'intellect normal l'est à celui de l'individu. Pour plus de clarté, on pourrait dire : si l'homme normal est formé de 2/3 de volonté et de 1/3 d'intellect, l'homme de génie comprend 2/3 d'intellect et 1/3 de volonté. On en pourrait encore donner l'explication chimique par une comparaison : la base et l'acide d'un sel neutre se distinguent l'un de l'autre en ce que les rapports du radical à l'oxygène sont inverses dans les deux cas considérés. La base, en effet, ou alcali n'est base que par la prédominance du radical sur l'oxygène, et l'acide n'est tel que par la proportion plus grande d'oxygène. Tel est aussi le rapport de l'homme normal au génie au point

1. « Par excès. »
2. « Par défaut. »
3. « Par altération de ses dispositions. »

de vue de la volonté et de l'intelligence. De là, entre eux, une différence décisive qui se manifeste déjà dans tout leur être, dans leur conduite et dans leurs actions, mais surtout dans leurs œuvres. Pour en marquer la différence, on pourrait dire qu'en chimie l'opposition totale engendre l'affinité et l'attraction la plus forte entre les corps, tandis que chez les hommes, c'est le contraire qui a coutume de se produire[1].

La première manifestation que provoque un tel excès de la force de connaissance se montre presque toujours dans la connaissance la plus primitive et la plus essentielle, c'est-à-dire dans la connaissance *intuitive*, et pousse le sujet à la reproduire au moyen d'une image : ainsi naissent le peintre et le sculpteur. Chez eux donc la distance de la conception générale à la création artistique est la plus courte ; par suite, la forme sous laquelle s'expriment ici le génie et son activité est la plus simple et la plus aisée à décrire. Mais c'est précisément ici qu'il faut voir la source à laquelle tous les arts puisent leurs vraies productions ; et il n'y a pas exception pour la poésie, ni même pour la

1. Schopenhauer est friand de telles comparaisons scientistes. Il met un point d'honneur à souligner que sa métaphysique trouve dans les sciences naturelles des éléments d'« accord » ou de « confirmation ». On trouvera plus loin à la fin de ce chapitre d'autres justifications biologiques empruntées aux travaux de Frédéric Cuvier.

philosophie, bien qu'ici la marche des choses soit plus compliquée.

Rappelons-nous le résultat de nos recherches du premier livre, à savoir que toute intuition tient à l'intelligence et non pas seulement aux sens. Joignons-y maintenant l'explication donnée ici et considérons en outre, comme de raison, que la philosophie du siècle dernier désignait la faculté de connaissance intuitive du nom de « pouvoirs inférieurs de l'âme » ; nous trouverons qu'Adelung[1], forcé de parler la langue de son temps, n'était pas si foncièrement absurde quand il plaçait le génie dans un « renforcement sensible des pouvoirs inférieurs de l'âme » ; nous trouverons qu'il ne méritait pas le mépris amer avec lequel Jean Paul[2] le cite dans ses *Éléments d'esthétique.* Si grands que soient les mérites de l'ouvrage en question de cet homme admirable, remarquons que partout où il a pour but une démonstration théorique et quelque enseignement en général, il ne cesse d'employer une méthode d'exposition ironique et toute faite de comparaisons, souvent peu appropriée au sujet.

1. Johann Christoph Adelung (1732-1806), philologue allemand, auteur du premier dictionnaire critique de langue allemande.
2. Johann Paul Friedrich Richter, dit Jean Paul (1763-1825), célèbre écrivain allemand, est un des rares contemporains de Schopenhauer a avoir salué la publication du *Monde comme volonté et comme représentation* dès sa parution en 1819.

C'est à l'*intuition* que se dévoile et se révèle tout d'abord l'essence propre et véritable des choses, bien que d'une manière encore toute relative. Tous les concepts, toutes les idées ne sont que des abstractions, c'est-à-dire des représentations partielles d'intuition, dues à une simple élimination de pensée. Toute connaissance profonde, toute véritable sagesse même a sa racine dans la conception *intuitive* des choses, ainsi que nous l'avons longuement exposé dans les *Suppléments* au premier livre. La conception *intuitive* a toujours été l'acte générateur par lequel toute vraie œuvre d'art, toute pensée immortelle a reçu l'étincelle de vie. Toute pensée originelle procède par images. Les concepts au contraire donnent naissance aux productions du simple talent, aux pensées seulement raisonnables, aux imitations, et en général à tout ce qui n'est calculé que sur les besoins du présent et pour le temps actuel.

Mais si notre intuition était sans cesse liée à la présence réelle des choses, la matière en serait sous l'entière domination du hasard qui amène rarement les objets au moment opportun, qui rarement les dispose dans un ordre convenable et ne nous en offre presque toujours que des exemplaires très défectueux. De là vient le besoin de l'imagination pour compléter toutes les images expressives de la vie, pour les ordonner, les colorer, les fixer et les reproduire à volonté, selon que le demande l'objet d'une étude pénétrante et profonde et de l'œuvre d'art significative destinée à la répandre. La haute valeur de l'*imagination* tient à ce qu'elle est pour le génie un instrument indispensable. Car c'est seulement par son aide que le génie peut, selon les exigences d'enchaînement de son œuvre plastique, poétique ou philosophique, se représenter chaque objet et chaque incident par une image vivante et puiser ainsi un aliment toujours nouveau à la source première de toute connaissance, dans l'intuition. L'homme doué d'imagination peut en quelque sorte évoquer des esprits propres à lui révéler, au moment voulu, des vérités que la nue réalité des choses ne lui offre qu'affaiblies, que rares et presque toujours à contretemps. Il existe entre lui et l'homme dénué d'imagination le même rapport qu'entre l'animal libre dans ses mouvements ou même pourvu d'ailes et le coquillage soudé à son rocher et réduit à attendre ce que le hasard voudra bien lui apporter. Car l'homme sans imagination ne connaît d'autre intuition que l'intuition réelle des sens, et jusqu'au moment de la posséder, il doit ronger des concepts et des abstractions, qui ne sont pourtant que les écorces et les enveloppes, non le noyau de la connaissance. Il ne pourra jamais rien faire de grand, sauf peut-être dans le calcul et dans les mathématiques. – Les œuvres des arts plastiques et de la poésie, de même que les productions de la mimique, peuvent être aussi regardées comme des moyens de suppléer, dans la mesure du possible, l'imagination chez ceux qui en manquent et d'en faciliter l'usage à ceux qui la possèdent.

Si, d'après ce qui précède, le genre de connaissance particulier et essentiel au génie est l'*intuition*, l'objet propre néanmoins n'en est nullement constitué par les êtres individuels, mais par les Idées (platoniciennes) qui s'expriment en eux, telles que nous en avons analysé la conception au chapitre XXIX[1]. Dans le particulier voir toujours le général : voilà le trait caractéristique du génie ; l'homme ordinaire ne reconnaît au contraire jamais dans le particulier que le particulier même, puisque c'est à ce titre unique que le particulier appartient à la réalité, seule capable de l'intéresser par ses rapports avec la *volonté*. Le degré où chacun, non par la pensée, mais par l'intuition immédiate, aperçoit dans l'individu l'individu seul, ou bien déjà un caractère plus ou moins général, jusqu'au principe universel de l'espèce, voilà la mesure de sa distance au génie. Par conséquent, l'essence des choses, leur côté général, leur ensemble, tel est en somme l'objet propre du génie ; le domaine du talent, c'est l'étude des phénomènes particuliers dans les sciences naturelles qui n'ont toujours pour objet propre que les rapports mutuels des choses.

1. Intitulé « De la connaissance des Idées ».

Retenons ici ce qui a été exposé en détail dans le précédent chapitre, à savoir que la condition de la conception des *Idées*, c'est, pour l'individu connaissant, l'état de *pur sujet* de la connaissance, c'est-à-dire la disparition complète de la volonté du milieu de la conscience. – Si nous prenons tant de plaisir à mainte poésie de Goethe qui nous met sous les yeux un paysage, ou à certains tableaux de la nature de Jean Paul, c'est que nous partageons alors l'objectivité de ces esprits, c'est-à-dire la netteté avec laquelle chez eux le monde comme représentation s'est isolé et, pour ainsi dire, entièrement détaché du monde comme volonté. – De ce que le mode de connaissance du génie est essentiellement purifié de tout vouloir et de toute relation avec le vouloir, il suit aussi que ses œuvres ne résultent pas de l'intention ou du caprice, mais qu'il y est conduit par une nécessité instinctive. – Ce qu'on appelle l'éveil du génie, l'heure de la consécration, le moment de l'inspiration, n'est autre chose que l'affranchissement de l'intellect, qui, déchargé pour un instant du service de la volonté, au lieu de se détendre, de se plonger dans l'inaction, se met de lui-même, pendant ce court espace de temps, à travailler seul et libre. Il est alors de la plus grande pureté et devient le clair miroir du monde, car, entièrement détaché de son principe premier, la volonté, il n'est plus maintenant que le monde même de la représentation concentré dans *une seule et même* conscience. C'est en de tels moments que se crée comme l'âme des œuvres immortelles. Au contraire, dans toute réflexion intentionnelle, l'intellect n'est pas indépendant, puisque c'est la volonté qui le dirige et lui prescrit son thème.

Le cachet de trivialité, l'expression de vulgarité empreinte sur la plupart des visages, tient à ce qu'on y voit marquée la rigoureuse subordination de la connaissance à la volonté, la connexion étroite qui les rattache, et l'impossibilité qui en résulte de concevoir les choses autrement que dans leur rapport à la volonté et à ses fins. Au contraire, l'expression du génie, qui constitue chez tous les hommes bien doués une frappante ressemblance de famille, vient de ce qu'on lit clairement sur leur physionomie l'affranchissement, l'émancipation de l'intellect du service de la volonté, la prédominance de la connaissance sur le vouloir; et comme toute douleur dérive du vouloir, comme la connaissance au contraire est en soi exempte de souffrance et sereine, voilà ce qui donne à leurs fronts élevés, à leurs regards clairs et pénétrants, détachés du service de la volonté et de ses misères, cette teinte de sérénité supérieure, supraterrestre en quelque sorte, qui perce de temps à autre sur leur figure, et s'unit si bien à la mélancolie des autres traits du visage, de la bouche en particulier, dans une alliance justement caractérisée par cette épigraphe de Giordano Bruno : *In tristitia hilaris, in hilaritate tristis*[1].

La volonté, racine de l'intellect, s'oppose à toute activité dirigée vers quelque fin différente des siennes. Aussi l'intellect n'est-il capable d'une conception purement objective et profonde du monde extérieur qu'une fois détaché pour un moment au moins de sa racine. Jusque-là il n'est par ses propres ressources susceptible d'aucune activité, mais s'endort dans l'engourdissement toutes les fois que la volonté (l'intérêt) ne vient pas le réveiller et le mettre en mouvement. Cette intervention se produit-elle, il est alors très propre sans doute à reconnaître les relations des choses, selon l'intérêt de la volonté, et c'est le cas de tout esprit intelligent, qui est toujours en même temps un esprit éveillé, c'est-à-dire vivement excité par la volonté ; mais par cela même l'intellect est incapable de saisir l'essence purement objective des choses. Car la volonté et ses fins le rendent si exclusif qu'il ne voit dans les choses que ce qui s'y rapporte ; le reste disparaît en partie et arrive en partie faussé à la conscience. Par exemple, un voyageur pressé et inquiet ne verra dans le Rhin et ses bords qu'un fossé

1. Giordano Bruno (1548-1600), philosophe et écrivain italien, mort à Rome sur le bûcher pour panthéisme. « Gai dans la tristesse, triste dans la gaîté » est la devise qui figurait sur la page de titre de sa comédie intitulée *Chandelier* (1582).

qui coupe sa route, et dans le pont qu'un moyen de franchir le fossé. Dans le cerveau d'un homme tout absorbé par ses fins, le monde fait l'effet d'un beau paysage sur le plan d'un champ de bataille. Ce sont là sans doute des extrêmes, pris pour plus de clarté ; mais toute excitation même médiocre de la volonté aura toujours pour conséquence quelque altération de ce genre. Le monde ne peut ressortir à nos yeux dans sa couleur et dans sa forme vraies, dans son entière et exacte signification, que si l'intellect, dégagé de la volonté, plane librement au-dessus des objets, sans le stimulant du vouloir, mais non sans une énergique activité. Un tel état est certainement contraire à l'essence et à la destination de l'intellect ; il est en quelque sorte contraire à la nature, et par là des plus rares ; mais c'est en cela que consiste justement le génie : chez le génie seul cet état se produit à un haut degré et d'une façon constante, pendant que chez les autres hommes il ne se réalise qu'approximativement et par exception. – C'est en ce sens que je prends le mot de Jean Paul (*Éléments d'esthétique*, § 12) selon lequel l'essence du génie est la *réflexion*. L'homme normal, en effet, est plongé dans le tourbillon et dans le tumulte de la vie, à laquelle il appartient par sa volonté ; son intellect est tout rempli des choses et des événements de la vie ; quant aux choses mêmes, quant à l'existence même, dans leur signification objective, il ne les remarque pas : son cas est celui du marchand qui, à la Bourse d'Amsterdam, entend parfaitement les paroles de son voisin, mais non ce bourdonnement semblable au bruit de la mer qui s'élève de la Bourse entière et étonne l'observateur placé à distance. Pour le génie au contraire, dont l'intellect est détaché de la volonté et par suite de la personne, rien de tout ce qui concerne l'individu ne lui voile le monde et les choses ; il les perçoit distinctement, il les voit, tels qu'ils sont en eux-mêmes, dans une intuition objective : c'est en ce sens qu'il est « réfléchi ».

Cette réflexion est ce qui rend capable le peintre de reproduire fidèlement sur la toile la nature qu'il a sous les yeux, et le poète d'évoquer sans erreur, au moyen de concepts abstraits, l'intuition actuelle, en renonçant et en la portant à la conscience expresse ; elle lui permet aussi d'exprimer par des mots ce que les autres se bornent à sentir. – L'animal vit sans réflexion. Il possède la conscience, c'est-à-dire qu'il se connaît lui-même, il connaît son bonheur et son mal, ainsi que les objets qui en sont la cause. Mais sa connaissance demeure toujours subjective, sans jamais devenir objective ; tout ce qui y rentre lui semble s'entendre de soi et ne peut jamais devenir pour lui ni un plan (objet de représentation), ni un problème (objet de méditation). Sa conscience est ainsi toute immanente. La conscience des hommes du vulgaire est de nature sinon semblable, du moins analogue, car leur perception des choses et du monde est par-dessus tout subjective et immanente. Elle voit les choses dans le monde, mais non pas le monde ; elle voit ses propres actions et ses souffrances, sans se voir elle-même. À mesure maintenant que grandit, par degrés infinis, la clarté de la conscience, la réflexion prend une place de plus en plus grande, et ainsi peu à peu jusqu'à ce que parfois, quoique rarement encore et avec une netteté très différente selon les cas, le cerveau soit traversé comme par un éclair de cette question : « Qu'est-ce que tout cela ? » ou de celle-ci : « Comment tout cela est-il donc fait ? ». Parvenue à une grande précision et posée avec persistance, la première question produira le philosophe, et la seconde l'artiste ou le poète. C'est ainsi que la haute mission de ces hommes a sa racine dans la réflexion, due tout d'abord à la netteté avec laquelle ils perçoivent ce monde et eux-mêmes, et qui les porte à méditer sur ce sujet. Mais l'opération dans son ensemble résulte de ce que l'intellect, par sa prédominance, se dégage parfois de la volonté, dont il est à l'origine l'esclave.

Les considérations exposées ici sur le génie complètent ce que j'ai dit au chapitre XXII[1] de cette séparation toujours plus profonde entre la volonté et l'intellect qui se peut constater dans toute la série des êtres. Cette séparation atteint son degré suprême dans

1. Intitulé « Vue objective de l'intellect ».

le génie, où l'intellect arrive à se détacher entièrement de la volonté, sa racine, de manière à devenir complètement libre et à assurer enfin la parfaite objectivation du monde comme représentation.

Qu'on me permette encore quelques observations sur l'individualité du génie. – Aristote déjà, selon Cicéron (*Tusculanes,* I, 33), avait remarqué ceci : « *omnes ingeniosos melancholicos esse*[1] »; ce qui se rapporte sans doute au passage des *Problèmes*[2] d'Aristote (XXX). Goethe dit aussi :

Mon ardeur poétique était peu de chose
Tant que je marchais à mon bonheur;
Elle brûlait au contraire d'une flamme vive
Quand je fuyais sous la menace du malheur.

La tendre poésie, comme l'arc-en-ciel,
Ne se dessine que sur un fond obscur;

C'est pourquoi au génie poétique
Convient l'élément de la mélancolie[1].

1. « Tous les grands génies sont mélancoliques.»
2. Voici le passage du *Problème* XXX d'Aristote : « Pourquoi tous ceux qui furent exceptionnels en philosophie, en politique, en poésie ou dans les arts, étaient-ils de toute évidence mélancoliques, certains au point de contracter des maladies causées par la bile noire (μελαινα χολε) comme Héraclès dans les mythes héroïques ? »

En voici l'explication : la volonté fait toujours valoir dans la suite son empire premier sur l'intellect ; il est donc plus facile à l'intellect de s'y soustraire, dans des conditions personnelles défavorables, car il s'empresse de se détourner des circonstances fâcheuses, comme pour se distraire, et n'apporte alors que plus d'énergie à se diriger vers le monde extérieur et étranger, c'est-à-dire a une tendance plus grande à devenir purement objectif. Une situation personnelle favorable agit en sens inverse. Mais, d'une façon générale, la mélancolie attribuée au génie tient à ce que plus est vive la lumière dont l'intellect est éclairé, plus il aperçoit nettement la misère de sa condition. – Cette humeur sombre si souvent observée chez les esprits éminents a son image sensible dans le mont Blanc : la cime en est presque toujours voilée par des nuages ; mais quand parfois, surtout à l'aube, le rideau se déchire et laisse voir la montagne, rougie des rayons du soleil, se dresser de toute sa hauteur au-dessus de Chamonix, la tête touchant au ciel par-delà les nuées, c'est un spectacle à la vue duquel le cœur de tout homme s'épanouit jusqu'au plus profond de son être. Ainsi le génie, mélancolique le plus souvent, montre par intervalles

1. Poème « Sprichwörtlich » dans l'édition des *Poèmes* (*Gedichte*), *Goethe's Werke*, dite Vollständige Ausgabe letzter Hand, 1827, vol. II.

cette sérénité toute particulière que nous avons déjà signalée, cette sérénité due à l'objectivité parfaite de l'esprit, qui lui appartient en propre et plane comme un reflet de lumière sur son front élevé : *in tristitia hilaris, in hilaritate tristis.*

La médiocrité tient au fond à ce que l'intellect, trop fortement attaché encore à la volonté, n'entre en activité que stimulé par elle et demeure par suite tout entier à son service. Les gens médiocres ne sont ainsi capables de travailler qu'à des fins personnelles. En vertu de ces fins ils font de mauvais tableaux, d'insipides poésies, des spéculations philosophiques plates, absurdes, souvent même déloyales, car le tout est pour eux de se recommander, par une mauvaise foi voilée de piété, à leurs supérieurs. Toute leur conduite, toute leur façon de penser est donc personnelle. Aussi parviennent-ils tout au plus à acquérir comme une manière, à s'approprier le côté extérieur, accidentel et arbitraire des vraies œuvres d'autrui ; ils ne saisissent que l'écorce au lieu du noyau, et ne laissent pas de s'imaginer avoir atteint la perfection, avoir même surpassé leurs modèles. L'insuccès est-il manifeste, il en est plus d'un encore qui espère réussir à la fin par sa bonne volonté. Mais c'est précisément cette bonne volonté qui empêche la réussite, car elle ne court qu'à des fins personnelles, et celles-ci rendent impossible toute œuvre sérieuse, en fait d'art, de poésie ou de philosophie. C'est à eux que s'applique proprement le dicton : « Ils se bouchent le jour à eux-mêmes ». Ils ne se doutent pas que, pour donner le vrai sérieux et permettre la création des œuvres véritables, l'intelligence doit s'être arrachée à l'empire de la volonté et de ses intentions et agir en toute liberté ; et c'est un bonheur pour eux de ne le pas pressentir, sinon ils iraient se jeter dans la rivière. – La bonne volonté est tout en morale : dans l'art elle n'est rien ; ici, comme l'indique le nom même de l'art (*Kunst*), ce qui compte, c'est le pouvoir (*Können*). – Tout revient au fond à savoir où l'homme place le sérieux. Pour la plupart, il réside exclusivement dans leur bien propre et dans celui des leurs ; aussi est-ce le seul but qu'ils soient en état de poursuivre, parce qu'il n'est pas de projet, d'effort volontaire et intentionnel capable de donner, de remplacer ou plus justement de déplacer le vrai et profond sérieux. Il demeure toujours là où l'a mis la nature, et sans lui rien ne peut être traité qu'à demi. C'est pour la même raison que des hommes de génie veillent souvent si mal à leur bien-être. De même qu'une masse de plomb attachée à un corps le ramène toujours dans la position que réclame le centre de gravité ainsi déterminé ; de même le sérieux véritable de l'homme attire toujours de son côté la force et l'attention de l'intellect ; quant au reste, l'homme ne s'en acquitte pas avec un sérieux réel. Aussi n'y a-t-il que ces individus d'espèce si rare et anormale, ces hommes dont le sérieux réside non dans les fins personnelles et pratiques, mais dans l'objectivité et dans la spéculation, qui soient capables de concevoir l'essence des choses et du monde, c'est-à-dire les vérités les plus hautes, et de les reproduire en quelque façon. Car le sérieux ainsi placé en dehors de l'individu, dans l'objectif, est chose étrangère, contraire à la nature, surnaturelle même; c'est cependant pour l'homme le seul moyen d'être grand et de faire attribuer alors ses œuvres à un génie différent de lui, dont il serait possédé. Pour un tel homme, sculpture, poésie, pensée est une fin; pour les autres ce n'est qu'un moyen. Ceux-ci n'y cherchent que leur affaire, et en général ils savent réussir, parce qu'ils se plient aux goûts de leurs contemporains, prêts à en servir les besoins et les caprices : aussi vivent-ils presque toujours dans une situation heureuse. La situation de l'homme de génie est souvent, au contraire, très misérable; c'est qu'il sacrifie son bien-être personnel à la fin objective, et il ne peut faire autrement, puisque c'est là qu'il place le sérieux. Les autres agissent en sens inverse : aussi sont-ils petits, tandis que le premier est grand. Son œuvre à lui est pour tous les temps, quoique plus d'une fois la postérité soit la première à en reconnaître seulement la valeur; les autres vivent et meurent avec leur temps. En général n'est grand que celui dont l'activité, soit pratique soit théorique, n'est pas la recherche d'un intérêt personnel, mais uniquement la poursuite d'une fin objective : et alors il reste grand encore quand, dans l'application, cette fin serait une méprise et quand même un crime en devrait résulter. Ne pas songer à sa personne ni à son intérêt, voilà toujours et partout ce qui le fait grand. Petite au contraire est toute activité dirigée vers des fins personnelles; car celui qu'une pareille vue met en mouvement ne se reconnaît et ne se retrouve soi-même que dans sa propre personne, dans cet individu d'une petitesse imperceptible. Le grand homme, au contraire, se reconnaît en toutes choses, et par suite dans l'ensemble; il ne vit pas, comme l'autre, uniquement dans le microcosme, mais plus encore dans le macrocosme. Aussi est-ce l'ensemble qui lui tient à cœur; il cherche à le saisir pour le reproduire, pour l'expliquer ou pour exercer sur lui une action pratique. Car ce n'est pas là pour lui chose étrangère; il sent que tout cela le concerne. C'est à cause de cette extension de sa sphère qu'on le nomme grand. Aussi ce noble attribut ne convient-il qu'au vrai héros, en quelque sens que ce soit, et au génie : il énonce que ces individus, contrairement à la nature humaine, n'ont pas cherché leur bien propre, qu'ils ont vécu non pour eux-mêmes, mais pour l'humanité entière. – S'il est évident que la plupart des hommes doivent être petits et ne peuvent jamais devenir grands, l'inverse, à savoir qu'un individu ne cesse jamais, à aucun instant, d'être grand et absolument grand, n'est pas plus possible :

Car l'homme est fait de substance commune,
Et c'est l'habitude qu'il appelle sa nourrice.

Le grand homme, en effet, doit pourtant n'être en plus d'une occasion qu'un individu, ne voir que soi, c'est-à-dire être petit. De là cette observation très juste qu'un héros cesse d'être héros pour son valet de chambre ; ce qui ne signifie pas que le valet de chambre soit incapable d'apprécier le héros, comme Goethe en suggère l'idée à Ottilie dans les *Affinités électives* (vol. II, chap. V).

Le génie est à lui-même sa propre récompense ; car ce que chacun est de meilleur, il doit nécessairement l'être pour soi-même. « Qui est né avec un talent, et pour un talent, y trouve la plus belle partie de son existence », a dit Goethe. Quand notre regard se porte sur un des grands hommes des temps passés, nous ne pensons pas : « Qu'il est heureux d'être aujourd'hui encore admiré de tous ! » mais : « Combien il a dû être heureux dans la jouissance immédiate d'un esprit dont les vestiges délassent encore une suite de siècles ! ». Le mérite ne réside pas dans la gloire, mais dans les facultés qui la procurent, et la jouissance est dans la création d'œuvres immortelles. Aussi ceux qui croient prouver le néant de la renommée, en disant que ceux qui y parviennent après leur mort n'en savent rien, peuvent être rapprochés de celui qui veut faire l'entendu, et, pour détourner un homme de jeter des regards d'envie sur un amas d'écailles d'huîtres placées dans la cour du voisin, cherche à lui en démontrer très gravement l'entière inutilité.

De nos considérations sur l'essence du génie, il résulte que le génie est une faculté contre nature, puisqu'il consiste en ce que l'intellect, destiné à servir la volonté, s'émancipe de cet esclavage pour travailler de son propre chef. Le génie est donc un intellect devenu infidèle à sa mission. Là-dessus reposent les inconvénients qui y sont attachés, et à l'examen desquels va nous mener la comparaison du génie avec les êtres où la prédominance de l'intellect n'est pas aussi marquée.

L'intellect de l'homme normal, rigoureusement lié au service de la volonté, ne s'occupe par suite que de la réception des motifs et semble être comme l'ensemble des fils propres à mettre en mouvement chacune des marionnettes sur le théâtre du monde. De là, chez la plupart des hommes, cet air grave, sec, posé, que surpasse seul le sérieux des animaux, incapables de rire. Le génie, au contraire, avec son intellect dégagé de toute entrave, fait l'effet d'un acteur vivant placé au milieu des grandes poupées du fameux théâtre de marionnettes de Milan : seul à comprendre tout le mécanisme, il aurait plaisir à s'échapper un instant de la scène pour aller dans une loge jouir du spectacle : c'est la réflexion géniale. – Mais l'homme même le plus intelligent et le plus raisonnable, celui qu'on peut presque appeler du nom de sage, est très différent du génie : son intellect conserve une tendance pratique, soucieux de choisir les fins les meilleures, les moyens plus convenables, et ne cesse pas de demeurer ainsi au service de la volonté, de suivre dans son activité l'impulsion naturelle. Le sérieux ferme et pratique dans la vie que les Romains désignaient par le terme de *gravitas*[1], suppose que l'intellect n'abandonne pas le service de la volonté pour s'égarer à la recherche de ce qui ne s'y rapporte pas : aussi ne comporte-t-il pas cette séparation de l'intellect et de la volonté qui est la condition du génie. Si l'homme doué d'une intelligence même éminente est propre à rendre de grands services dans la pratique, c'est justement parce que les objets sont un vif stimulant pour sa volonté et l'excitent à poursuivre sans relâche l'étude de leurs relations et de leurs rapports. Son intellect est donc étroitement soudé à sa volonté. L'homme de génie, au contraire, voit flotter devant son esprit le phénomène du monde,

1. « Gravité », « dignité. »

dans la conception objective qu'il s'en fait, comme un objet de contemplation, comme une substance étrangère, qui élimine la volonté de la conscience. C'est là le point autour duquel roule la différence qui sépare la capacité d'agir de celle de produire. La dernière demande l'objectivité et la profondeur de la connaissance, dont la condition préalable est la rupture complète entre l'intellect et la volonté ; la première, au contraire, réclame l'application de la connaissance, la présence d'esprit et la résolution, c'est-à-dire pour l'intellect la nécessité de pourvoir sans relâche aux exigences de la volonté. Là où le lien entre l'intellect et la volonté est brisé, l'intellect, détourné de sa destination naturelle, négligera le service de la volonté ; même dans un moment de danger, par exemple, il se prévaudra de son affranchissement et ne pourra s'empêcher de considérer le côté pittoresque des choses environnantes d'où vient le péril imminent qui menace sa personne. L'intellect de l'homme raisonnable et judicieux est au contraire toujours à son poste, fixé sur les événements et les dispositions qu'ils réclament : en toute circonstance, il décidera et exécutera les mesures les plus convenables ; jamais il ne se laissera aller à ces excentricités, à ces méprises personnelles, à ces sottises même auxquelles le génie est exposé par la condition de son intellect, qui, loin d'être exclusivement le guide et le gardien de sa volonté, appartient plus ou moins à l'objectivité pure. Le contraste des deux genres d'aptitude si différents, que nous venons d'examiner ici sous une forme abstraite, a été personnifié par Goethe dans l'opposition des caractères du Tasse et d'Antonio[1]. La parenté souvent signalée du génie et de la folie repose avant tout sur cette séparation essentielle au génie, mais pourtant contraire à la nature, de l'intellect d'avec la volonté. Mais cette séparation même n'est nullement due à ce que le génie est accompagné d'une intensité moindre de la volonté, puisque, au contraire, il suppose un caractère violent et passionné. La vraie raison en est que l'homme remarquable dans la pratique, l'homme d'action, possède seulement la mesure entière et complète d'intellect exigée pour une volonté énergique, ce qui n'est pas même le cas pour la plupart des hommes ; tandis que le génie consiste dans une proportion véritablement excessive et anormale d'intellect, et telle qu'aucune volonté n'en a besoin pour son usage. Aussi les hommes capables de produire des œuvres réelles sont-ils mille fois plus rares que les hommes

1. *Torquato Tasso* est un drame de Goethe, créé à Weimar en 1807 et consacré au grand poète italien de la Renaissance, Le Tasse. Le jeune poète y apparaît comme un être inspiré, porté à affirmer la primauté de l'idéal et du rêve sur la réalité, en butte au pragmatisme du personnage d'Antonio, homme d'action pour qui c'est au contraire l'idéal qui doit se plier au réel.

d'action. C'est cet excès même qui confère à l'intellect cette prépondérance marquée, qui lui permet de se détacher de la volonté, et alors, sans souci de son origine, d'entrer librement en jeu par sa propre force en vertu de sa propre élasticité ; ainsi naissent les créations du génie.

De ce que le génie consiste dans le travail de l'intelligence libre, c'est-à-dire émancipée du service de la volonté, il résulte encore que ses productions ne servent à aucun but utile. Musique ou philosophie, peinture ou poésie, une œuvre de génie n'est pas un objet d'utilité. L'inutilité rentre dans le caractère des œuvres de génie, c'en est la lettre de noblesse. Toutes les autres œuvres humaines ne sont faites que pour la conservation ou le soulagement de notre existence, sauf celles dont il est ici question : seules elles subsistent pour elles-mêmes, et sont, en ce sens, comme la fleur ou comme le revenu net de l'existence. Aussi notre cœur s'épanouit-il à les goûter, car elles nous tirent du sein de cette lourde atmosphère terrestre du besoin. – Un autre fait analogue au précédent est que nous voyons rarement le beau associé à l'utile. Les grands et beaux arbres ne portent pas de fruits ; les arbres fruitiers sont de petits troncs laids et rabougris. La rose pleine des jardins est stérile, mais la petite rose sauvage, presque sans odeur, donne un fruit. Les plus beaux édifices ne sont pas ceux qui sont utiles : un temple n'est pas une maison d'habitation[1]. Un homme de hautes et rares facultés intellectuelles, obligé de se livrer à quelque occupation purement utile, à la hauteur de laquelle serait l'esprit le plus ordinaire, est comme un vase précieux, orné des plus belles peintures, qu'on emploierait pour le service de la cuisine ; et comparer les gens utiles aux hommes de génie, c'est placer sur la même ligne les pierres de taille et les diamants.

Ainsi l'homme simplement pratique applique son intellect à l'usage que la nature lui a marqué, c'est-à-dire à concevoir les relations des choses, soit entre elles, soit avec la volonté du sujet connaissant. Le génie l'applique au contraire, et sans souci de cette destination, à concevoir l'essence objective des choses. Son cerveau ne lui appartient donc pas, il appartient au monde, qu'il doit contribuer à éclairer en quelque façon. De là naîtront pour l'individu ainsi doué des inconvénients multiples ; car son intellect montrera d'une manière générale les défauts attachés à tout instrument qu'on emploie à un usage pour lequel il n'a pas été fait. Tout d'abord, il sera en quelque sorte le serviteur de deux maîtres : à toute

1. Selon l'esthétique schopenhauerienne, l'architecture occupe, dans la hiérarchie des arts, le degré le plus bas. Car l'architecture poursuit toujours un double but : esthétique et utilitaire. Sa valeur esthétique est ainsi proportionnellement inverse à son utilité.

occasion, il s'affranchit du service conforme à sa destination pour courir à ses propres fins; il lui arrive souvent et mal à propos de laisser la volonté dans l'embarras, et cet individu si éminent devient aussi plus ou moins impropre à la vie; bien plus, par sa conduite il semble toucher parfois à la folie. Puis, en vertu de sa haute faculté de connaissance, il apercevra dans les choses plutôt le général que le particulier, et c'est surtout la connaissance du particulier que demande le service de la volonté. Quand ensuite, à l'occasion, cette connaissance d'une élévation démesurée se tournera tout entière, de toute son énergie, vers les intérêts et les misères de la volonté, il lui arrivera facilement d'en prendre une idée trop vive, de voir tout sous des couleurs trop crues, dans un jour trop intense, sous un grossissement énorme, et l'individu ne pourra tomber que dans l'extrême. Ajoutez encore les explications suivantes. Toute grande œuvre théorique, de quelque genre qu'elle soit, demande pour être produite, de la part de son auteur, qu'il dirige toutes les forces de son énergie vers un seul point, qu'il les y fasse converger et les y concentre avec tant de force, de fermeté et de persistance, que tout le reste du monde disparaisse à ses yeux et que son sujet remplisse pour lui toute la réalité. Mais cette même grande et puissante concentration, l'un des privilèges du génie, se produit aussi parfois pour les objets de la réalité, pour les intérêts de la vie quotidienne : portés alors sous un tel foyer, ils acquièrent un grossissement si monstrueux qu'ils apparaissent, comme la puce vue au microscope solaire, avec les dimensions d'un éléphant. De là, parfois, chez les individus éminents, ces émotions violentes et diverses à propos de bagatelles : les autres ne conçoivent pas comment ils peuvent être jetés dans l'affliction, dans la joie, dans l'angoisse, dans la crainte ou la colère, etc., par des choses qui laisseraient parfaitement calme un homme du vulgaire. Aussi le génie manque-t-il de sang-froid, car le sang-froid consiste justement à ne rien voir de plus dans les choses que ce qui leur appartient, surtout par rapport à nos fins possibles : il en résulte qu'un homme de sang-froid ne peut pas être un génie. Aux inconvénients signalés s'ajoute encore l'excessive sensibilité, due à l'exaltation anormale de la vie nerveuse et cérébrale et jointe à cette autre condition du génie, la violence passionnée de la volonté, qui se traduit au physique par l'énergie des battements du cœur. De cet ensemble de causes résultent facilement cette tension excessive de l'âme, cette impétuosité des émotions, cette mobilité extrême d'humeur, avec cette disposition prédominante à la mélancolie que Goethe nous a mises sous les yeux dans *Le Tasse*. Quelle sagesse, quelle fermeté tranquille, quelle sûreté de coup d'œil, quelle entière assurance et quelle égalité de conduite chez l'homme normal bien doué, en comparaison de cet abattement rêveur ou de cette excitation passionnée de l'homme de génie, dont les souffrances intimes sont le germe d'œuvres immortelles ! – De plus, le génie est essentiellement solitaire. Il est trop rare pour rencontrer facilement des semblables et trop différent des autres pour se mêler à eux. Chez eux, c'est la volonté, chez lui, c'est la connaissance qui l'emporte ; aussi leurs joies ne sont pas les siennes, comme ses joies ne sont pas les leurs. Ils sont simplement des êtres moraux, bornés à des relations personnelles ; il est en même temps une intelligence pure, et appartient comme tel à l'humanité entière. Le cours des pensées d'un intellect détaché de son sol maternel, de la volonté, et qui n'y fait retour que par intervalles, ne tardera pas à se séparer entièrement de celui d'un intellect normal, encore adhérent à sa racine. Par là, et à cause de cette inégalité dans la marche de l'esprit, il sera impropre à penser en commun, c'est-à-dire à entrer en conversation avec les autres : les autres, écrasés par sa supériorité, trouveront aussi peu de plaisir dans sa société que lui dans la leur. Ils se sentiront plus à l'aise avec leurs semblables, et il préférera aussi s'entretenir avec ses pareils, bien qu'il ne le puisse en général qu'à travers les œuvres laissées par eux. Aussi Chamfort[1] dit-il très justement : « Il y a peu de vices qui empêchent un homme d'avoir beaucoup

1. Sébastien Roch Nicolas, dit Nicolas de Chamfort (1740-1794), était un homme de lettres français. Il faisait partie de ces moralistes dont Schopenhauer savourait la lecture.

d'amis, autant que peuvent le faire de trop grandes qualités[1]. » Le sort le plus heureux qui puisse échoir en partage au génie, c'est d'être dispensé de toutes les occupations pratiques qui ne sont pas son élément, et d'avoir tout loisir pour travailler et produire. – La conséquence générale de ce qui précède, c'est que, si le génie procure la félicité à celui qui le possède, à l'heure où, se livrant à lui sans entraves, il peut s'abandonner avec délices à l'inspiration, il n'est nullement propre à lui assurer une existence heureuse, bien au contraire. Les témoignages fournis par les biographies sont la confirmation de cette vérité. À tous ces inconvénients s'ajoute encore un désaccord extérieur, car le génie, dans tout ce qu'il fait, dans tout ce qu'il crée même, est d'ordinaire en opposition et en lutte avec son temps. Les simples hommes de talent arrivent toujours au moment voulu : car, pleins de l'esprit de leur époque, appelés par les besoins de leur temps, ils ne sont capables que d'y satisfaire. Ils interviennent donc dans le développement progressif de leurs contemporains ou dans l'avancement graduel d'une science particulière, et ils trouvent là récompense et approbation. Mais la génération suivante

1. La solitude présente ainsi, selon Schopenhauer, un double avantage pour le génie : « Le premier, d'être avec soi-même ; le second, de n'être pas avec les autres » (*Aphorismes sur la sagesse dans la vie* [1851], *Parerga et Paralipomena*, éd. Coda, 2005, p. 347).

ne peut plus goûter leurs œuvres : celles-ci doivent céder la place à d'autres, qui ne font pas non plus défaut. Le génie, au contraire, traverse son temps, comme la comète croise les orbites des planètes, de sa course excentrique et étrangère à cette marche bien réglée qui se peut embrasser d'un seul coup d'œil. Aussi ne peut-il concourir au développement régulier de la civilisation déjà existante ; mais, semblable à l'*imperator* romain qui, se vouant à la mort, lançait son javelot dans les rangs ennemis, il jette ses œuvres bien loin en avant sur la route où le temps seul viendra plus tard les ramasser. Son rapport aux hommes de talent qui occupent jusque-là le faîte de la gloire se pourrait exprimer par ces paroles de l'Évangéliste : Ο καιρὸς ο εμὸς οὔπω πάρεστιν · ο δέ καιρος ό υμέτερος πάντοτέ έστιν έτοιμος. (*Jean*, VII, 6)[1]. – Le talent a la force de créer ce qui dépasse la faculté de production, mais non la faculté de perception des autres hommes ; aussi trouve-t-il dès le premier moment des gens pour l'apprécier. L'œuvre du génie dépasse au contraire non seulement la faculté de production, mais encore la faculté de perception des autres hommes ; aussi les autres ne le comprennent-ils pas tout d'abord. Le talent, c'est le tireur qui atteint un but que les autres ne peuvent toucher ; le génie, c'est celui qui atteint un but que les autres

1. « Mon temps n'est pas encore venu, mais votre temps est toujours prêt. »

ne peuvent même pas voir : ils n'apprennent donc à le connaître qu'indirectement, c'est-à-dire tard, et ils s'en rapportent alors même à la parole d'autrui. Aussi Goethe dit-il dans son Épître didactique : « L'imitation est innée en nous; mais nous ne reconnaissons pas sans peine ce qu'il nous faut imiter. L'excellent se rencontre rarement; il est apprécié plus rarement encore. » Et Chamfort : « Il en est de la valeur des hommes comme de celle des diamants qui, à une certaine mesure de grosseur, de pureté, de perfection, ont un prix fixe et marqué, mais qui, par-delà cette mesure, restent sans prix, et ne trouvent point d'acheteurs. » Bacon de Verulam[1] avait déjà énoncé ce principe : *Infimarum virtutum, apud vulgus, laus est, mediarum admiratio, supremarum nullus sensus (De Augm. sc.,* liv. VI, chap. III.)[2]. Oui, pourrait-on m'objecter, *apud vulgus*! – Je m'appuierai alors sur cette affirmation de Machiavel[3] : *Nel mondo non è se non volgo*[4], et sur cette

1. Francis Bacon, baron Verulam (1561-1626), homme d'État et philosophe anglais, père de l'empirisme, auteur entre autres *Du progrès et de la promotion des savoirs* (1605), du *Novum Organum* (1620) et de *La Nouvelle Atlantide* (1627).

2. « La foule applaudit les plus basses vertus, admire les vertus moyennes et reste indifférente aux vertus les plus élevées. »

3. Nicolas Machiavel (1469-1527), philosophe et homme politique de la Renaissance, auteur du *Prince* (1513) et de *L'Art de la guerre* (1520).

4. « Il n'y a rien d'autre en ce monde que du vulgaire. »

remarque de Thilo[1] (*De la gloire*) que chacun appartient plus qu'on ne le croit à la grande masse du commun. – Une conséquence de cette reconnaissance tardive des œuvres de génie, c'est qu'elles sont rarement goûtées par les contemporains, c'est-à-dire dans toute la fraîcheur de coloris que leur prêtent l'actualité et le moment présent : elles sont comme les figues et les dattes, qu'on aime mieux manger desséchées que fraîches.

Si nous considérons encore enfin le génie au point de vue corporel, nous le trouvons soumis à plusieurs conditions anatomiques et physiologiques, qui même séparées se rencontrent rarement parfaites, à plus forte raison réunies, et n'en sont pas moins indispensables ; aussi le génie n'apparaît-il que comme une exception tout à fait isolée et presque miraculeuse. La condition fondamentale est une prédominance anormale de la sensibilité sur l'irritabilité et la faculté de reproduction, et, cela, circonstance aggravante, dans un corps masculin. (Les femmes peuvent avoir un talent considérable, mais jamais de génie ; car elles demeurent toujours subjectives.) De même le système cérébral doit être séparé et entièrement isolé du système ganglionnaire, de manière à être en parfaite opposition

1. Johann Karl Thilo (1794-1853), philologue et théologien allemand, a publié en 1832 les *Évangiles apocryphes* (*Codex apocryphus Novi Testamenti*).

avec lui et à mener franchement sur l'organisme sa vie de parasite, solitaire, énergique et indépendant. Sans doute il ne tardera pas à exercer ainsi une influence fâcheuse sur le reste de l'organisme, et il l'usera avant le temps par l'excès de son incessante activité, si cet organisme ne possède pas lui-même une puissante vitalité et une forte constitution; ce qui fait une nouvelle condition à ajouter aux précédentes. Il faut encore un bon estomac, vu l'union étroite et toute spéciale de cet organe et du cerveau. Mais surtout le cerveau doit avoir un développement et des dimensions extraordinaires, principalement en largeur et en hauteur : la profondeur, au contraire, sera moindre et le grand cerveau devra l'emporter démesurément sur le cervelet. La disposition du cerveau dans son ensemble et dans ses parties a, sans aucun doute, une très grande importance; mais nos connaissances actuelles ne nous permettent pas de la déterminer exactement, si facile qu'il nous soit de reconnaître une forme de crâne qui annonce une haute et noble intelligence. Le tissu de la masse cérébrale doit être de la perfection et de la finesse la plus grande, et se composer de la substance nerveuse la plus pure, la plus choisie, la plus tendre et la plus irritable : le rapport quantitatif de la substance blanche à la substance grise exerce certainement aussi une influence marquée, mais nous sommes encore incapables d'en préciser la nature. Cependant le compte rendu de l'autopsie du cadavre de Byron[1] affirme chez lui une proportion extraordinaire de la matière blanche à la matière grise ; de même il y est dit que son cerveau pesait six livres. Celui de Cuvier en pesait cinq ; le poids normal est de trois livres. – Au développement du cerveau doit correspondre une extrême ténuité de la moelle épinière et des nerfs. Un crâne bien arqué, haut et large, d'une masse osseuse assez ténue, doit protéger le cerveau, sans le comprimer en aucune manière. Toute cette constitution du cerveau et du système nerveux est l'héritage venant de la mère ; nous reviendrons sur ce point au livre suivant[2]. Mais elle est tout à fait insuffisante à produire le phénomène du génie, s'il ne vient pas s'y joindre, comme héritage du père, un tempérament vif et passionné, qui se traduit physiquement par une énergie peu ordinaire du cœur et par suite de la circulation, surtout vers la tête. En effet, cette énergie sert tout d'abord à accroître la turgescence propre au cerveau ; le cerveau presse ainsi contre ses parois et tend à s'échapper par toute ouverture due à une lésion. En outre, cette force convenable du cœur communique

1. *Cf. Meldwin's Conversations of L. Byron*, p. 333. (Note de Schopenhauer.)
2. C'est-à-dire au *Supplément* XLIII intitulé « Hérédité des qualités ». *Cf.* aussi *La Métaphyique de l'amour sexuel*, Mille et une nuits, 2008.

au cerveau, avec ce mouvement constant de soulèvement et d'abaissement qui accompagne la respiration, un mouvement tout nouveau, mouvement intérieur, constitué par l'ébranlement de sa masse entière à chaque pulsation des quatre artères cérébrales, et dont l'énergie doit être proportionnée à l'augmentation de volume du cerveau ; ce mouvement est d'ailleurs, en général, une condition indispensable de l'activité cérébrale. Cette activité est donc aussi favorisée par la petitesse de la stature, et surtout par le peu de longueur du cou, parce qu'alors le sang a moins de chemin à parcourir et arrive avec plus de force au cerveau ; aussi les grands esprits se trouvent rarement chez des hommes de haute taille. Cependant ce n'est pas là un élément indispensable ; Goethe, par exemple, était d'une taille supérieure à la moyenne. Mais si ces conditions de la circulation, héritées du père, viennent à faire défaut, l'heureuse constitution du cerveau transmise par la mère produira tout au plus un talent, un esprit fin, soutenu par un tempérament flegmatique ; mais un génie flegmatique est impossible. Cette condition venant du père explique nombre de vices de tempérament signalés plus haut chez l'homme de génie. Au contraire, cette condition existe-t-elle sans la première, c'est-à-dire avec un cerveau ordinaire et surtout avec un cerveau mal constitué, il naît alors une vivacité sans esprit, une chaleur sans lumière, des têtes folles, des hommes d'une agitation et d'une pétulance insupportables. Si de deux frères un seul a du génie, et si c'est presque toujours l'aîné, comme cela a été le cas pour Kant, c'est d'abord qu'à l'époque seule où il a engendré le premier, le père était encore dans l'âge de la vigueur et de la passion ; mais l'autre condition, due à la mère, peut aussi être combattue par des circonstances défavorables.

J'ai encore à ajouter ici une remarque spéciale sur le caractère enfantin du génie, c'est-à-dire sur une certaine ressemblance qui existe entre le génie et l'enfance. – Chez l'enfant, en effet, comme chez le génie, le système nerveux et cérébral a une prédominance marquée ; car son développement précède de beaucoup celui du reste de l'organisme, si bien que, dès la septième année, le cerveau a atteint tout son volume et toute sa masse. De là ces paroles de Bichat[1] : « Dans l'enfance le système nerveux, comparé au musculaire, est proportionnellement plus considérable que dans tous les âges suivants, tandis que, par la suite, la plupart des autres systèmes prédominent sur celui-ci. On sait que, pour bien voir les nerfs, on choisit toujours

1. Marie François Xavier Bichat (1771-1802), biologiste et physiologiste français, dont Schopenhauer était un lecteur attentif depuis qu'il avait suivi des cours d'anatomie pathologique au début de ses études universitaires à Göttingen.

les enfants. » (*De la vie et de la mort,* art. 8, § 6.) Le développement le plus tardif, au contraire, est celui du système génital ; c'est seulement au seuil de l'âge viril que l'irritabilité, la reproduction et la fonction génitale sont dans toute leur vigueur, et elles l'emportent alors, en règle générale, sur la fonction cérébrale. De là viennent l'intelligence, la sagesse, la curiosité et la facilité d'esprit de la plupart des enfants : ils ont en somme plus de disposition et d'aptitude que les adultes à toute occupation théorique ; par suite de la marche de développement indiquée, ils ont plus d'intellect que de volonté, c'est-à-dire que de penchant, de désir, de passion. Car intellect et cerveau ne sont qu'un, de même que le système génital ne fait qu'un avec le plus violent de tous les désirs : aussi l'ai-je nommé le foyer du vouloir. C'est justement parce que la fatale activité de ce système sommeille encore, alors que celle du cerveau est déjà tout éveillée, que l'enfance est le temps de l'innocence et du bonheur, le paradis de la vie, l'Éden perdu, vers lequel, durant tout le reste de notre vie, nous tournons les yeux avec regret. Ce qui fait ce bonheur, c'est que pendant l'enfance notre existence entière réside bien plus dans le connaître que dans le vouloir ; et cet état trouve encore un soutien extérieur dans la nouveauté de toutes les choses pour nous. De là ces couleurs si fraîches, cet éclat magique et irrésistible dont le monde, à l'aurore de la vie, nous apparaît revêtu. Les faibles désirs, les penchants indécis et les minces soucis de l'enfance sont un bien léger contrepoids à cette prédominance de l'activité intellectuelle. Ainsi s'explique le regard des enfants, regard innocent et clair qui nous réconforte et atteint parfois chez quelques-uns cette expression élevée et contemplative dont Raphaël a ennobli ses têtes d'anges. Les facultés intellectuelles se développent donc bien plus tôt que les besoins qu'elles sont destinées à servir ; et ici la nature procède, comme partout, avec une convenance parfaite. Car en ce temps où l'intelligence domine, l'homme amasse une grande provision de connaissances pour les besoins futurs, à lui encore inconnus. De là l'incessante activité de son intellect, son avidité à saisir tous les phénomènes, le soin qu'il apporte à y réfléchir et à les entasser en vue de l'avenir, semblable à l'abeille qui recueille bien plus de miel qu'elle n'en peut dépenser, en prévision des besoins futurs. Ce que l'homme acquiert en vues et en connaissances de toutes sortes jusqu'à l'entrée de l'adolescence dépasse, dans son ensemble, tout ce qu'il pourra apprendre plus tard, si savant qu'il devienne : car c'est là le fondement de toutes les connaissances humaines. – Jusqu'à la même époque la plasticité domine aussi dans le corps de l'enfant : plus tard, son œuvre une fois terminée, elle reporte ses forces par un déplacement sur le système génital ; avec la puberté paraît ainsi l'instinct sexuel et peu à peu s'affirme la prépondérance de la volonté. À l'enfance, surtout théorique et désireuse d'apprendre, succède alors l'inquiète jeunesse, tantôt orageuse, tantôt sombre ; puis, plus tard, l'âge viril à la fois violent et sérieux. C'est précisément parce que cet instinct, gros de malheurs, manque encore à l'enfant que sa volonté est si modérée, subordonnée à la connaissance d'où naît ce caractère d'innocence, d'intelligence et de raison, qui est le privilège de l'enfance. – Sur quoi repose cette ressemblance de l'enfance avec le génie, j'ai maintenant à peine besoin de le dire : c'est dans l'excès des facultés de connaissance sur les besoins de la volonté, et dans la prédominance de l'activité purement intellectuelle qui en résulte. En réalité, tout enfant est dans une certaine mesure un génie, et tout génie est en quelque façon un enfant. Leur parenté se montre tout d'abord dans la naïveté et la sublime simplicité qui est un trait essentiel du vrai génie ; elle se révèle encore par bien d'autres traits, de sorte que le génie ne laisse pas de toucher à l'enfant par quelques côtés de son caractère. Riemer, dans ses *Communications sur Goethe*, rapporte (vol. I, p. 184) que Herder et d'autres disaient de Goethe, par manière de reproche, qu'il était toujours un grand enfant : ils avaient certainement raison de le dire, mais tort de l'en blâmer. On a dit aussi de Mozart que durant toute sa vie *il* était demeuré un enfant. (*Cf.* Nissen,

Biographie de Mozart, p. 2 et 529.) Schlichtegroll, dans son *Nécrologe* (1791, vol. II, p. 109), s'exprime ainsi à son sujet : « Il devint de bonne heure un homme dans son art ; mais pour tout le reste il demeura toujours un enfant. » Tout homme de génie est déjà un grand enfant par là même qu'il regarde le monde comme une chose étrangère, comme un spectacle, c'est-à-dire avec un intérêt purement objectif. Aussi n'a-t-il pas plus que l'enfant cette gravité sèche des hommes du commun, qui, incapables de sentir d'autre intérêt que le leur propre, ne voient jamais dans les choses que des motifs pour leurs actions. Celui qui ne demeure pas, durant sa vie, en quelque mesure un grand enfant, mais devient un homme sérieux, froid, toujours posé et raisonnable, celui-là peut être en ce monde un citoyen très utile et capable, mais jamais il ne sera un génie. Ce qui constitue en effet le génie, c'est que chez lui cette prédominance, naturelle à l'enfant, du système sensible et de l'activité intellectuelle, se maintient, par anomalie, toute sa vie durant, et devient ainsi continue. Sans doute, chez quelques individus ordinaires, il s'en transmet encore quelques vestiges jusque dans la jeunesse ; de là viennent, par exemple, chez plus d'un étudiant, une aspiration purement intellectuelle et une excentricité géniale qu'on ne peut méconnaître. Mais la nature rentre bientôt dans son ornière : ils se métamorphosent et sortent de leur chrysalide, à l'âge d'homme, sous la forme de philistins incarnés, devant lesquels on recule avec effroi, si on les rencontre dans les années suivantes. – C'est sur le phénomène ici exposé que repose cette belle remarque de Goethe : « Les enfants ne tiennent pas ce qu'ils promettent; les jeunes gens, très rarement, et s'ils tiennent parole, c'est le monde qui ne le leur tient pas. » (*Affinités électives,* part. I, chap. X.) C'est le monde, en effet, qui, après avoir proclamé bien haut les couronnes réservées au mérite, les pose sur le front de ceux qui se font les instruments de ses vues les plus basses ou qui s'entendent à le tromper. – De même donc qu'il y a une simple beauté de jeunesse, possédée un moment par chacun, la « beauté du diable[1] », de même il y a aussi une pure intellectualité de jeunesse, une certaine nature spirituelle, désireuse et capable de saisir, de comprendre, d'apprendre, possédée par tous pendant l'enfance, par quelques-uns encore pendant la jeunesse, et qui se perd ensuite comme cette beauté. C'est seulement chez quelques exceptions des plus rares, chez quelques élus, que l'une, comme l'autre, peut persévérer durant toute la vie, de manière que quelques traces en restent encore visibles même dans l'âge le plus avancé : ces exceptions, ce sont les hommes vraiment beaux, ce sont les vrais génies.

1. En français dans le texte.

Ce que nous avons dit ici de la prédominance du système nerveux cérébral et de l'intelligence pendant l'enfance, et de leur décroissance dans l'âge mûr, trouve une explication et une confirmation importantes chez le genre animal le plus voisin de l'homme, chez le singe : le même rapport s'y manifeste à un degré frappant. On est arrivé peu à peu à se convaincre que l'orang-outang, ce singe si intelligent, est un jeune *pongo* qui, parvenu à l'âge adulte, perd à la fois sa grande ressemblance de visage avec l'homme et son intelligence surprenante : la partie inférieure et bestiale de la face grossit alors, le front devient plus fuyant, de grandes crêtes, nécessaires à l'attache des muscles, donnent au crâne une forme animale, l'activité du système nerveux s'affaiblit, et à sa place se développe une force musculaire extraordinaire, qui, suffisant à ses besoins, rend désormais superflue cette grande intelligence. Les remarques les plus importantes à cet égard sont celles de Frédéric Cuvier[1], commentées par Flourens dans un compte rendu de l'histoire naturelle de Cuvier qui se trouve dans le cahier de septembre du *Journal des savants* de 1839, et a été imprimé à part, avec quelques additions, sous

1. Frère cadet du naturaliste Georges Cuvier (1769-1832), le zoologiste Frédéric Cuvier (1773-1838) fut directeur de la Ménagerie du Jardin des Plantes et l'auteur, avec Geoffroy Saint-Hilaire, d'une *Histoire naturelle des mammifères* (1824-1842).

ce titre : *Résumé analytique des observations de Fr. Cuvier sur l'instinct et l'intelligence des animaux,* par Flourens, 1841. On y lit, page 50 : « L'intelligence de l'orang-outang, cette intelligence si développée, et développée de si bonne heure, décroît avec l'âge. L'orang-outang, lorsqu'il est jeune, nous étonne par sa pénétration, par sa ruse, par son adresse ; l'orang-outang devenu adulte, n'est plus qu'un animal grossier, brutal, intraitable. Et il en est de tous les singes comme de l'orang-outang. Dans tous, l'intelligence décroît à mesure que les forces s'accroissent. L'animal qui a le plus d'intelligence n'a toute cette intelligence que dans le jeune âge. » – Plus loin, page 87 : « Les singes de tous les genres offrent ce rapport inverse de l'âge et de l'intelligence. Ainsi, par exemple, l'entelle (espèce de guenon du sous-genre des Semnopithèques et l'un des singes vénérés dans la religion des Brames) a, dans le jeune âge, le front large, le museau peu saillant, le crâne élevé, arrondi, etc. Avec l'âge le front disparaît, recule, le museau proémine ; et le moral ne change pas moins que le physique : l'apathie, la violence, le besoin de solitude, remplacent la pénétration, la docilité, la confiance. » « Ces différences sont si grandes, dit M. Fr. Cuvier, que dans l'habitude où nous sommes de juger des actions des animaux par les nôtres, nous prendrions le jeune animal pour un individu de l'âge où toutes les qualités morales de l'espèce sont acquises, et l'entelle adulte pour un individu qui n'aurait encore que ses forces physiques. Mais la nature n'en agit pas ainsi avec ces animaux, qui ne doivent pas sortir de la sphère étroite qui leur est fixée, et à qui il suffit en quelque sorte de pouvoir veiller à leur conservation. Pour cela l'intelligence était nécessaire, quand la force n'existait pas, et, quand celle-ci est acquise, toute autre puissance perd de son utilité.» Et page 118 : «La conservation des espèces ne repose pas moins sur les qualités intellectuelles des animaux, que sur leurs qualités organiques.» Cette dernière remarque confirme ma proposition que l'intellect, comme les serres et les dents, n'est autre chose qu'un instrument au service de la volonté.

Le génie, le singe et l'homme

Dans *Le Monde comme volonté et comme représentation*, Arthur Schopenhauer écrit que « ce n'est pas seulement la philosophie, ce sont encore les Beaux-Arts qui travaillent au fond à résoudre le problème de l'existence. Car dans tout esprit, une fois adonné à la contemplation véritable, purement objective du monde, il s'est éveillé une tendance, quelque cachée et inconsciente qu'elle puisse être, à saisir l'essence vraie des choses, de la vie, de l'existence[1] ». Pour un lecteur de Schopenhauer, la parenté intime de l'art et de la philosophie est plus qu'une évidence. Car, chez lui, loin d'être un thème philosophique parmi d'autres, l'art est bien le pendant de la philosophie elle-même : ils se répondent et se complètent, quand l'un, d'une certaine manière, ne remplace pas tout simplement l'autre.

Rien d'étrange, de ce point de vue, à ce que l'œuvre de Schopenhauer ait su trouver sa place dans le panthéon personnel de nombreux artistes, écrivains, peintres, poètes et musiciens : Wagner, Zola, Hesse, Maupassant, mais aussi Proust, Mahler et Kandinsky[2]... Les artistes, au prix sans doute de quelques malentendus, sont en effet ses défenseurs les plus ardents et ont notablement contribué à diffuser sa pensée, bien avant que ne daignent enfin s'y intéresser les philosophes proprement dits.

Il faut bien le reconnaître, la relation de l'art à la philosophie a pourtant plutôt mal commencé. Platon n'est pas étranger à ce malheur. S'il est le premier à interroger philosophiquement la question de la création artistique, ainsi que celle, fort délicate, du statut de l'artiste dans la Cité, c'est pour mieux les condamner l'une et l'autre ! La lecture de la *République* nous dépeint l'artiste sous les traits d'une sorte de charlatan qui trompe son monde en jouant avec les apparences, les illusions et les reflets ; c'est un « sophiste merveilleux » doué du pouvoir de produire illusoirement aussi bien « tout ce qui pousse de la terre » que « tout ce qu'il y a dans le ciel, et tout ce qu'il y a sous la terre, dans l'Hadès[3] ». Et Socrate, pour mieux dénoncer l'imposture, d'ajouter : « Si tu veux prendre un miroir et le présenter de tous côtés, tu feras vite le soleil et les astres du ciel, la terre, toi-même, et tous les êtres vivants, et les meubles, et les plantes, et tout ce dont nous parlions à l'instant[4]. » C'est sous de tels auspices que la philosophie et l'art se sont rencontrés. Fort heureusement, il ne reste rien de cette opposition fondamentale dans l'esthétique de Schopenhauer. Bien au contraire, aux préjugés habituels selon lesquels l'art nous détournerait de la réalité ou, comme le pense Platon, nous éloignerait du vrai, Schopenhauer oppose l'exercice contemplatif. Il s'agit rien moins que de l'aptitude à se détacher du monde du besoin et de l'intérêt et à saisir dans le chaos de la multiplicité l'unité formelle de chaque chose. Ironie de l'histoire de la philosophie de l'art : ce que l'artiste schopenhauerien aperçoit dans la contemplation esthétique, ce ne sont pas des reflets, de simples apparences sans consistance, mais les formes fixes et éternelles des réalités qui nous entourent, ces *Idées* dont Platon réservait l'aperception au seul philosophe-géomètre… C'est à l'artiste qu'il revient de transposer ces Idées sur sa toile ou dans les grains du marbre et de porter ainsi à la connaissance du spectateur le monde tel qu'il est et que l'homme du commun jusqu'ici ne voyait pas, aveuglé par sa manie de voir les choses sous l'angle exclusif de ses besoins : « L'artiste nous prête ses yeux pour regarder le monde[5]. » L'art est un mode de dévoilement du réel, un mode de connaissance à part entière. Art et philosophie sont réconciliés.

De là ces pages inspirées qui nous entretiennent du génie et dont nous ne savons plus parfois si Schopenhauer parle encore de l'artiste ou du philosophe, voire de lui-même ou des génies de son temps :

son caractère profondément étranger à son époque, sa difficulté à trouver dans la compagnie des autres hommes un égal, son caractère enfantin aussi et même capricieux qui rend de fait sa compagnie difficile, sont les qualités et les défauts qui peignent à la vérité aussi bien Goethe que Schopenhauer lui-même...

Mais ces belles pages que le philosophe consacre au génie ont tout de même quelque chose de déroutant. Car désireux de rendre pleinement compte de son sujet en l'étayant par les raisons les plus solides, Schopenhauer tombe de lui-même dans le péché originel du philosophe, le préjugé populaire – préjugé enraciné dans les mœurs profondément inégalitaires de la société allemande de l'époque –, et les justifications physiologiques qu'il invoque pour *expliquer* la nature hors du commun du génie sont symptomatiques d'une telle croyance sociale : car parler d'« anormalité », d'un « excès anormal d'intelligence[6] », est-ce seulement se contenter de relever les différences qui existent d'un homme à un autre, ou souligner, entre l'homme du commun et le génie, non une simple différence de *degré*, mais une différence de *nature* ? À cet égard, les références aux observations zoologiques de Frédéric Cuvier, jadis responsable de la ménagerie du Jardin des Plantes à Paris et auteur d'une monumentale *Histoire des mammifères*, références sur lesquelles s'achève le *Supplément* consacré au génie et qui accusent le goût prononcé du philosophe pour les sciences naturelles – dans la mesure évidemment où celles-ci sont susceptibles d'offrir à ses propres analyses philosophiques le gage « positif » qui leur manque – sont douteuses, du moins peu convaincantes. Au contraire, affirmer l'origine « naturelle » d'une qualité, à savoir la possession d'« une vision particulière » propre à « dégager l'essence des choses[7] », vision en laquelle consisterait la faculté du génie, c'est justement en révéler toute l'obscurité. Et s'il est permis de faire un raccourci, il y a même quelque chose de comique dans ce recours insistant aux observations de Cuvier – en particulier les remarques sur l'« adresse », la « ruse » et la « pénétration » d'esprit du jeune *pongo* de Bornéo – comme s'il fallait en passer par le singe pour reconnaître objectivement les qualités « surhumaines » du génie !

Dans *Humain, trop humain* (1878), Friedrich Nietzsche a fait un sort à de telles *prétentions naturalistes* en montrant que le génie ne tire pas sa *singularité* d'une quelconque différence *naturelle,* mais qu'elle est essentiellement le produit d'un exercice monomaniaque, le résultat des efforts continuels d'une pensée qui « s'exerce dans une seule direction, à qui toutes choses servent de matière[8] » ; les hommes de génie sont ainsi des êtres « qui observent toujours avec la même diligence leur vie intérieure et celle des autres, qui voient partout des modèles, des incitations, qui ne se lassent pas de combiner leurs moyens[9] ». Et s'il est vrai qu'on réserve traditionnellement le nom de *génie* à l'artiste, à l'orateur et au philosophe, cela tient, selon Nietzsche, à ce que nous trouvons chez eux « le plus de plaisir aux effets d'une grande intelligence » : l'artiste en effet nous ouvre au spectacle du monde, l'orateur nous dépeint les perspectives de l'action que nous pouvons y mener, le philosophe enfin nous en dévoile le sens, nous le rend intelligible. Ce sont là, à chaque fois, des fins qui nous élèvent. Ce qui qualifie le génie, ce n'est donc pas d'*être* d'une nature autre que les autres hommes, mais c'est de *faire* autre chose de ce qu'ils ont naturellement en commun. Ce qui est « monstrueux » chez lui, ce qui est *hors norme*, c'est avant tout le travail et l'investissement qu'il est prêt à consentir à son œuvre.

Mais, si éloignées de la pratique commune, les grandes œuvres d'art comme les grandes philosophies ne manquent pas d'exercer toujours une incomparable fascination. C'est leur privilège de se présenter d'abord comme des énigmes. À commencer par celle de leur élaboration. Et elles doivent ce caractère énigmatique qui nous fascine à des raisons bien prosaïques et dont le ressort est psychologique : d'une part, toute œuvre ne se donnant qu'une fois aboutie, sans référence aucune aux longs préparatifs et aux mille ébauches qu'a nécessité sa « genèse », son « apparition » est comme « miraculeuse » et « magique ». Rien ne nous frappe autant et aussi sûrement que l'œuvre achevée : c'est, comme le dit Nietzsche, « la tyrannie de la perfection présente[10] ». Mais surtout, d'autre part, le narcissisme du spectateur se satisfait spontanément d'une forme d'autogratification facile : reconnaître l'artiste ou le philosophe accompli comme un être « divin » – et donc signifier qu'il ne sert à rien de se mesurer à lui[11] – a le mérite rare de rendre *de facto* hautement respectable sa propre « normalité » pour la simple raison qu'elle est justement la « norme », la règle ou la *nature* commune, et par conséquent qu'il n'est pas, lui qui n'a rien écrit, ni peint ni composé, un « monstre *per excessum* ». À tous égards, les artistes – mais également les philosophes – comme les spectateurs et les lecteurs, ont bien quelque intérêt à entretenir un tel mirage[12]…

Christophe SALAÜN

Notes de la Postface

1. Arthur Schopenhauer, *Le Monde comme volonté et comme représentation, Supplément* XXXIV, « De l'essence intime de l'art ».
2. Sur la réception de Schopenhauer chez les écrivains européens, on peut lire *Schopenhauer et la création littéraire en Europe*, dirigé par Anne Henry, Méridiens-Klincksieck, 1989.
3. *Cf.* Platon, *République*, X, 598b-d.
4. *Ibid.*
5. *Cf. Le Monde...*, § 37.
6. *Cf. supra*, p. 31.
7. *Cf. Le Monde...*, § 37.
8. *Cf.* Nietzsche, *Humain, trop humain* (1878), « De l'âme des artistes et des écrivains », § 162, trad. fr. Robert Rovini, Gallimard, coll. « Folio Essais », 1968.
9. *Ibid.*
10. *Ibid.*
11. Dans ce même § 162 d'*Humain, trop humain*, Nietzsche écrit que c'est justement « notre vanité, notre amour-propre qui nous pousse au culte du génie : car il nous faut l'imaginer très loin de nous, en vrai *miraculum* pour qu'il ne nous blesse pas (même Goethe, l'homme sans envie, appelait Shakespeare son étoile des altitudes les plus reculées; on se rappellera alors ce vers : « Les étoiles, on ne les désire pas. » Ce vers de Goethe est celui-là même que Schopenhauer cite dans le *Supplément* XXX « Du pur sujet de la connaissance », *supra*, p. 24.
12. *Cf.* Nietzsche, *op. cit.*, § 155.

Vie d'Arthur Schopenhauer

1788. Arthur Schopenhauer naît le 22 février à Dantzig. Sa mère, Johanna, née Trosiener, est la fille d'un magistrat municipal. Après une déception amoureuse, elle accepte d'épouser Henri Floris Schopenhauer, un riche négociant d'ascendance hollandaise de vingt ans son aîné.

1797. Naissance d'Adèle, sœur d'Arthur. Jusqu'à sa mort en 1849, elle sera sa confidente.

1797-1799. Destinant son fils à reprendre l'entreprise familiale, Henri Floris envoie le jeune Arthur au Havre afin d'y apprendre le français. Ce sont là, écrit Schopenhauer dans sa correspondance, « les temps les plus heureux » de son enfance.

1799. De retour en Allemagne, Schopenhauer est inscrit dans une école de commerce à Hambourg.

1803. Arthur Schopenhauer fait part à son père de son désir de renoncer au commerce et d'embrasser une carrière de savant. Pour l'en dissuader, son père lui propose le marché suivant : soit il reste à Hambourg étudier le latin, soit il accompagne ses parents, dès le printemps suivant, pour un long périple à travers l'Europe. Mais, au retour, il devra promettre de reprendre ses études commerciales. « Avide de voir le monde », Schopenhauer choisit l'aventure. Il visite ainsi, pendant deux ans, la Hollande, l'Angleterre, la France, la Suisse, la Bavière et l'Autriche. Au cours du voyage, il tient un journal dans lequel il note consciencieusement les événements qui lui semblent les plus extraordinaires : une pendaison à Londres, le bagne de Toulon, le pic du mont Blanc…

1806. Le 20 avril, son père meurt brutalement. On évoque un suicide. Très affecté par la mort de cet homme qu'il adorait, Schopenhauer songe cependant à se libérer de sa promesse.

1807. Johanna autorise Arthur à abandonner le commerce. Il entre au Gymnase de Gotha. Il est renvoyé au bout de six mois après s'être publiquement moqué d'un professeur. Il intègre alors le Gymnase de Weimar. Il découvre les auteurs classiques.

1809. Schopenhauer a rattrapé le niveau requis pour entrer à l'université. Il s'inscrit à l'université de Göttingen où il suit les cours de médecine. Puis il opte pour la philosophie.

1811. Installation à Berlin où il suit les cours de Schleiermacher et de Fichte, qu'il juge décevants.

1813. La campagne antinapoléonienne le chasse de Berlin. Retiré à Rudolstadt, loin des combats, il rédige en quatre mois sa thèse de doctorat intitulée *De la quadruple racine du principe de raison suffisante.*

1814. Il présente sa thèse à l'université d'Iéna qui lui délivre le grade de docteur. À Weimar, il fréquente le salon de sa mère où il rencontra Goethe. De ces entretiens naît le traité *Sur la vue et les couleurs* – publié en 1816 en latin – qui constitue une tentative de théorisation des intuitions de Goethe sur la perception.

1814-1818. En froid avec sa mère, Schopenhauer s'établit à Dresde. Il compose *Le Monde comme volonté et comme représentation.* Ce « livre que, au prix d'un grand labeur, j'ai rendu accessible à la compréhension des autres sera, selon ma ferme conviction, un de ceux qui deviendront la source et l'occasion de cent autres livres », écrit-il à son éditeur Brockhaus.

Après avoir confié son ouvrage aux soins de l'éditeur, Schopenhauer entreprend un long voyage en Italie : Venise, Florence, Rome, Naples, Pompéi…

1819. Parution de *Le Monde comme volonté et comme représentation* chez Friedrich Arnold Brockhaus à Leipzig. En août, Schopenhauer rentre précipitamment en Allemagne en apprenant la faillite de l'entreprise dans laquelle il avait placé sa part de l'héritage paternel. Pour s'assurer quelques revenus, il propose d'assurer des cours sur sa philosophie à la prestigieuse université de Berlin. Mais, faute d'étudiants, Schopenhauer abandonne bientôt ses leçons.

1822. Nouveau voyage en Italie. Il visite Milan, Gênes et Florence.

1823. À l'automne, de retour par Munich, il tombe gravement malade. Rétabli, il séjourne quelque temps à Dresde puis regagne Berlin.

1826. Seconde tentative infructueuse d'enseignement à l'université. Schopenhauer traduit l'*Orácula manual y arte de prudencia* de Balthazar Gracián et offre en vain, à de nombreux éditeurs, de traduire des œuvres de David Hume et de Giordano Bruno.

1831. Une épidémie de choléra se déclare à Berlin. Schopenhauer fuit la ville et s'établit définitivement à Francfort-sur-le-Main.

1836. Publication de *De la volonté dans la nature.* L'ouvrage n'a pas de succès.

1837. La Société royale des sciences de Norvège met au concours la question suivante : « Le libre arbitre peut-il être démontré par le témoignage de la conscience de soi ? » Schopenhauer se porte candidat et remporte le prix avec son mémoire *Sur la liberté de la volonté humaine.*

1839. La Société royale du Danemark propose au concours une question sur le fondement de la moralité. Schopenhauer rédige pour l'occasion un mémoire intitulé *Le Fondement de la morale* dans lequel il pourfend la morale de Kant et défend la pitié comme fondement de l'éthique. Bien que seul candidat, Schopenhauer rate le prix : on juge son ouvrage peu respectueux des philosophes contemporains.

1841. Publication sous le titre *Les Deux Problèmes fondamentaux de l'éthique* de ses deux mémoires.

1844. Publication, sans droits d'auteur, de la deuxième édition du *Monde comme volonté et comme représentation*, augmentée de six cents pages de *Suppléments*.

1849. Mort d'Adèle Schopenhauer.

1851. Publication des *Parerga et Paralipomena*. Il s'agit d'un ensemble d'essais qui développent les points centraux de sa doctrine. L'ouvrage, destiné à un large public, lui apporte enfin la renommée.

1853. Publication en Angleterre d'un article intitulé « *Iconoclasm in German Philosophy* » qui fait l'éloge de Schopenhauer. Les admirateurs affluent bientôt à Francfort pour rencontrer le philosophe.

1859. Troisième édition du *Monde comme volonté et comme représentation*. La santé de Schopenhauer commence à décliner.

1860. Schopenhauer meurt paisiblement chez lui à Francfort-sur-le-Main le 21 septembre, à l'âge de soixante-douze ans. Quelques jours auparavant, il confiait à son médecin : « Ce serait fâcheux si je mourais maintenant : j'ai encore d'importantes additions à faire aux *Paralipomena.* »

B.203
Schopenhauer

Repères bibliographiques

ŒUVRES D'ARTHUR SCHOPENHAUER

- *Journal de voyage* [1803-1805], trad. fr. Didier Raymond, Mercure de France, 1988.
- *De la quadruple racine du principe de raison suffisante* [1813], trad. fr. François-Xavier Chenet, Vrin, 1991.
- *Textes sur la vue et sur les couleurs* [1816], trad. fr. Maurice Elie, Vrin, 1986.
- *Le Monde comme volonté et comme représentation* [1819, 1844, 1859], trad. fr. Auguste Burdeau, révisée par Richard Roos, PUF, 1966.
- *Le Monde comme volonté et comme représentation*, trad. fr. Christian Sommer-Jaedicke, Gallimard, 2009.
- *L'Art d'avoir toujours raison* (*Dialectique éristique*) [1830-1831], trad. fr. Dominique Miermont, Mille et une nuits, 1998.
- *De la volonté dans la nature* [1836], trad. fr. Édouard Sans, PUF, 1969.
- *Les Deux Problèmes fondamentaux de l'éthique* (*Sur la liberté de la volonté humaine* et *Le Fondement de la morale*) [1841], trad. fr. Christian Sommer-Jaedicke, Alive, 1998.

- *Sur le besoin métaphysique de l'humanité* [1844], trad. fr. Auguste Burdeau révisée par Christophe Salaün, Mille et une nuits, 2010.
- *La Métaphysique de l'amour sexuel* [1844], trad. fr. Auguste Burdeau révisée par Yannis Constantinidès, Mille et une nuits, 2008.
- *Parerga et Paralipomena* [1851], trad. fr. Jean-Pierre Jackson, Coda, 2005; réédition 2010.
- *Au-delà de la philosophie universitaire* [1851], trad. fr. Auguste Dietrich révisée par Yannis Constantinidès, Mille et une nuits, 2006.
- *Du néant de la vie* [1851], trad. fr. Auguste Dietrich, Mille et une nuits, 2004.
- *Correspondance complète*, trad. fr. Christian Sommer-Jaedicke, Alive, 1996.

Études sur Arthur Schopenhauer

- Challemel-Lacour (Paul-Armand), « Souvenirs », *Revue des Deux Mondes*, 15 mars 1870.
- Henry (Anne) (dir.), *Schopenhauer et la création littéraire en Europe*, Méridiens-Klincksieck, 1989.
- Magee (Bryan), *The Philosophy of Schopenhauer*, Oxford University Press, Oxford, 1983.
- Nietzsche (Friedrich), « Schopenhauer éducateur », *Considérations inactuelles III*, Gallimard, coll. « Folio essais », 1992.
- Piclin (Michel), *Schopenhauer* ou *Le Tragédien de la volonté*, Seghers, 1974.
- Raymond (Didier), *Schopenhauer*, Le Seuil, 1977.

- ROSSET (Clément), *L'Esthétique de Schopenhauer*, PUF, 1969.
- SAFRANSKY (Rüdiger), *Schopenhauer et les années folles de la philosophie*, PUF, 1990.
- SALAÜN (Christophe), *Apprendre à philosopher avec Schopenhauer*, Ellipses, 2010.
- SANS (Édouard), *Schopenhauer*, PUF, coll. « Que sais-je ? », 1990.

Mille et une nuits propose des chefs-d'œuvre pour le temps d'une attente, d'un voyage, d'une insomnie…

La Petite Collection (extrait du catalogue) 577. CICÉRON, *Traité des devoirs.* 578. Pierre-Joseph PROUDHON / Émile ZOLA, *Controverse sur Courbet et l'utilité sociale de l'art.* 579. Paul ACHARD, *La Queue.* 580. VOLTAIRE / ROUSSEAU, *Querelle sur le Mal et la Providence.* 581. Marie-Joseph CHÉNIER, *Dénonciation des inquisiteurs de la pensée.* 582. Auguste RODIN, *Faire avec ses mains ce que l'on voit. Textes, lettres et propos choisis.* 583. Théophile GAUTIER, *Le Club des Hachichins.* 584. Blaise PASCAL / Jacqueline PASCAL, *Les Mystères de Jésus.* 585. Sébastien BAILLY, *Les Zeugmes au plat.* 586. David HUME, *Essais sur le bonheur. Les Quatre Philosophes.* 587. Henri ROORDA, *Le Rire et les Rieurs.* 588. POLYEN, *L'Art du mensonge. Ruses diplomatiques et stratagèmes politiques.* 589. ALAIN, *L'Instituteur et le Sorbonagre. 50 propos sur l'école de la République.* 590. Josiah WARREN, *Commerce équitable.* 597. Henri ROORDA, *Le Pédagogue n'aime pas les enfants.* 598. Émile ZOLA, *Lettres à la jeunesse.* 599. Léon TOLSTOÏ, *Un musicien déchu.* 600. PLATON, *Euthyphron.* 601. ARISTOPHANE, *Ploutos, dieu du fric.* 602. Jean-Jacques ROUSSEAU, *Deux lettres sur l'individu, la société et la vertu.* 603. Edgar Degas, *« Je veux regarder par le trou de la serrure ».* 604. Edmund BURKE, *Lettre à un membre de l'Assemblée nationale de France sur la Révolution française et Rousseau.* 605. Georges FEYDEAU, *L'Hôtel du Libre Échange.* 606. Jean GRAVE, *Ce que nous voulons et autres textes anarchistes.* 607. Hippolyte TAINE, *Xénophon, l'*Anabase. 608. Alfred DELVAU, *Henry Murger et la Bohème.* 609. David HUME, *La Règle du goût.* 610. Henri BERGSON, *Le Bon sens ou l'Esprit français.* 611. POLYEN, *Ruses de femmes.* 612. Henri ROORDA, *À prendre ou à laisser. Le programme de lecture du professeur d'optimisme.*

Pour chaque titre, le texte intégral, une postface, la vie de l'auteur et une bibliographie.

42.0618.1/07
Achevé d'imprimer en mai 2021
par La Nouvelle Imprimerie Laballery (Clamecy, France).
N° d'impression : 104481